巖時空

岩·时·空

云冈石窟空间艺术

王天銮 著

文物出版社

图书在版编目（CIP）数据

岩·时·空 ：云冈石窟空间艺术 / 王天銮 著.
— 北京：文物出版社，2013.8
ISBN 978-7-5010-3798-8

Ⅰ. ①岩… Ⅱ.①王… Ⅲ.①云冈石窟－建筑艺术
Ⅳ. ①K879.22

中国版本图书馆CIP数据核字（2013）第179489号

岩·时·空

云冈石窟空间艺术

装帧设计　刘　远
责任印制　梁秋卉
责任校对　赵　宁
责任编辑　张小舟

出版发行　文物出版社
地　　址　北京市东直门内北小街2号楼
邮　　编　100007
网　　址　http://www.wenwu.com
　　　　　E-mail:web@wenwu.com
制版印刷　北京盛通印刷股份有限公司
开　　本　889毫米×1194毫米　1/16
印　　张　13.5
版　　次　2013年8月第1版
印　　次　2013年8月第1次印刷
书　　号　ISBN 978-7-5010-3798-8
定　　价　90.00元

云冈石窟研究院科研支助项目之一

代序

认识云冈

张焯
2012.8

第三遍读王天銮老师《云冈石窟空间艺术》书稿，我的心中充满感动。那是被艺术家敏锐的直觉、独特的视角、犀利的眼光、真诚的热爱、不懈的求索、发现的激越，以及述诸文字的煎熬，交织而触发的感动。

记得2007年天銮老师来云冈，我请她为研究院职工讲一课。那天，她讲云冈的造像都是由几何形式线构成，正三角形佛像的沉稳，倒三角形飞天的韵动等等，对我这个美术盲而言，既新鲜又有趣，记忆深刻。没多久，她又来了，约我长谈。讲她对云冈砂岩的认识：黄色、泛红色，给人的温暖；流动般的纹理，暗含着生命与灵性；颗粒状的质感，丰富了雕像的神情。谈云冈早期穹隆顶洞窟，空间的狭小与佛像的高大，所形成的气场压强，对人心灵的震撼。再有，谈对大窟大像的印象：远视则慈祥、和悦，仿佛在亲切召唤，引人心向神往；近仰则伟岸、威严，高不可及，令人肃然起敬，乃至五体投地。出于自己对美术知识的渴求，以及深感从美学角度研究云冈石窟的必要，我建议她写成文章。

再往后，记不清多少次，她不请自来，在研究院小住几日，或携画家颜铁良、张胜先生观摩、写生，切磋云冈美学原理。期间，她进一步说出对云冈中期洞窟的新发现：那些规划建设完整的塔庙窟、庑殿窟，通体满雕，繁而不乱。究其原因，盖由莲花、忍冬、小坐佛、花绳童子等装饰纹带为纬，方塔、立柱、立像等造型为经，搭建起巨窟雕塑群的框架，犹如现代钢筋水泥建筑结构，使得洞窟空间视觉具有高度的稳定性和秩序性。她结合自己多年从事城市雕塑景观设计的经验，进一步说：“不应该把云冈石窟仅仅看作单纯的雕塑作品，它是一座山，一座座山体建筑；所有雕刻都是这种特殊建筑整体的组成部分，应当纳入建筑及其装饰艺术的大范畴中进行考察。”我立刻意识到，天銮先生看云冈的角度，大约与上世纪初发现云冈石窟的日本学者伊东忠太、中国建筑史学先驱梁思成的视角近似，穿越过时空迷雾，切中了北魏当年营造云冈石窟的设计师的心脉。于是，我又提出请她改写成书，并随文选配洞窟照片与手绘线图，以增强读者的视觉认知。同时，希望她能够结合世界佛教发展的轨迹，来揭示云冈石窟的艺术成就。

2011年秋，她突然来电话，兴奋地告诉我，又有了重要的发现。她讲，在那些殿堂、塔庙式洞窟内，壁面图像的上下分层，划分出了天界、佛国与人间；正面设像与左右分段，充分运用了对称、重复与特异等视觉艺术语言，营造出梦幻般的镜像空间效果。如若信众礼拜，通过绕塔或绕佛观瞻、叩拜、供养等仪式，必然会“因像生感”，产生目眩神迷的心理感应，甚至出现超越现实的灵异感觉。就是说，当佛教艺术历经一千年的发展与提升，辗转数万里的营造与创新，到在中华佛教走向鼎盛的北魏平城时代，西域高僧与中土意匠在云冈石窟的建设中，追求和实现的视觉艺术，创造出超越时空、人神通感、惊世骇俗的奇妙功效，达到了空前绝后的高峰。与中世纪欧洲基督教的教堂，伊斯兰世界的礼拜堂，高耸入云、天穹空灵、人神对话的幻觉意境，异曲而同工，但创作的时间为更早。

天銮老师的上述观点，是我们此前不曾想到，也不曾听说过的。作为云冈石窟研究院院长，我深知其中的分量。云冈是人与自然因缘交融之地，是中西文化纵情交流之所，是佛主千龄而像教辉煌的里程碑。从建筑角度、艺术角度、宗教角度，探讨其蕴涵的知识、价值与意义，无疑是十分重要的。云冈石窟与中国古代其他石窟寺相比，属于全皇家主持营建，最为伟大，却最乏记述；迄今一百又十年的云冈研究，多就历史、考古和造像艺术而言，但其准确性往往是愈具体愈难求。因此，从建筑空间、视觉艺术的线路探索、深入，或许更有把握。我坚信并毫不夸张地说，天蚕老师对云冈石窟的新见解，为认识云冈又提供了一把钥匙，为云冈学又开辟出一个崭新的研究领域。

最后，我想表达的是感谢。天蚕老师身在天津，心系云冈。年逾花甲，为其所爱，不辞辛劳；为其所悟，孜孜以求。作为一名普通的中国知识分子，她所具有的品格与美德，正如她对云冈精神的总结：那是一个民族、一个时代的象征，真诚、自信、阳光、博大，充满了积极向上的阳刚之气。

→ 云冈之岩。

岩·时·空
云冈石窟空间艺术

目录
Contents

→ 第20窟的大佛，云冈石窟的标志，是早期昙曜五窟中的一窟，后因岩体坍塌，裸露出佛像来。大佛坐高13.8米，法相庄严、阳刚淡定、气宇轩昂，通体由几何形体堆砌而成，三角形、梯形的组合，使造像给人的感觉无比稳定有力。

我的感受

用时代的眼光看云冈

王天銮

2012.8

每次来云冈都有一种感动，看着蓝天白云下的武州山麓，石窟绵延远去，我感动上天的造化，感动人类的灵性，也感动佛教的神秘与博大。每次来云冈都是一种享受，当我漫步于石窟内外，望着静穆的佛陀，望着充满梦幻的洞窟空间，就会觉得这是享受艺术，享受历史，享受美。每次来云冈更是一种愉悦，一种超越现实、渴望生命，心灵上的愉悦；一种崇敬祖先、创造永恒，思想上的愉悦；一种回归自然、充满和谐，精神上的愉悦。

每当我走近云冈石窟，走到1500多岁的佛陀跟前，总有一股气息迎面扑来。这是一种光明、阳刚的气息，让你感觉温暖，让你感觉自信，感觉世界一片灿烂。这里的石窟很少有死亡，这里的妖魔鬼怪也不恐怖，这里的造像很单纯，这里的构图都饱满。每尊佛陀都威严并慈祥，他们用超然于尘世的微笑看着你；每位菩萨都年轻美丽，妖娆秀隽，眉开眼笑的楚楚动人。愉悦充斥着每个角落，辉煌体现在每种颜色和每条雕痕之间，多么伟大多么感人的视觉艺术啊！

每当我走进云冈石窟，洞窟里满眼是密密麻麻的雕塑，从上到下井然有序地排列开来，从天顶到地面被雕造得没有一点点空隙。没有文字，没有废石，精心用石头雕凿出来的塑像追述着一种梦想，追求一个充满感情的空间，讲解着佛教的超越与觉悟，展示着装饰艺术的各项规律，体现了空间艺术的真谛。用山石雕塑完整的空间来表述这一切，不能不说是伟大的奇迹，而且完成这伟大的工程，仅用了一个朝代几十年的时间。

与现代建筑相比，小小的洞窟空间局促。站在洞窟里，面对着成百上千尊佛像、菩萨像、飞天、供养人，静下心来仔细体会，你不会觉得窒息，不会觉得压抑，石窟里神秘的佛国天堂满目辉煌，会让你感觉惊奇乃至震撼，每一个洞窟的有限空间，都会给你宽阔无限的遐想。每每我流连于其中，都会问自己，那些排列整齐、呈正等腰三角形的佛陀像，那些飞逸缥渺、呈现倒三角形的飞天精灵，那些呈现等腰三角形及梯形、倒三角形组合在一起的菩萨像，那些重复出现的十几尊大立佛像，都说明了什么？它们到底有没有规律性？这些规律又说明了什么？古人在这里用尽了装饰艺术的各种元素、各种表现形式，是为了达到一个什么样的目的？达到这个目的又是为了什么？什么是云冈石窟的本质？云冈石窟最重要的价值到底在哪里？

→第10窟内室景。

与中国其他石窟相比，云冈石窟让我感动的不仅仅是精妙绝伦的造型和丰富多元的文化内涵，更主要的是建筑空间中视觉艺术形式上的创新。石窟建筑空间整体的布局和宏伟的气势，让人过目不忘；洞窟里高度谐调的秩序性达到了极致，出现了绚丽和谐的梦幻境界，令人身心俱肃，甚至使人产生了强烈的与天、与地、与神秘力量沟通的欲望。职业的敏感使我有一天终于明白了：这是一座座伟大的人与神交流的空间视觉艺术圣殿，是典型的装饰艺术形式荟萃的宝藏。

人类文化从视觉的角度，可以分为文字和图像两大部分。文字是人类文明发展到一定阶段，为了更准确地传达和沟通，而创造出的符号标识系统；图像则是人类对自然世界的模仿和想象所创造的另一种表现和传达的方式。视觉艺术主要是以研究图像为主的。视觉艺术作为人类独有的交流形式，博大而精深，佛教艺术和佛教建筑是其中的一个重要的组成部分。在中国视觉艺术史上，石窟寺作为佛教建筑与佛教艺术的统一载体，具有十分重大的意义。

当今世界已进入了一个以视觉图像为中心的视觉文化时代，绘画、雕塑、建筑、电影、电视、动漫、多媒体等等相互激荡交汇，几乎无所不在。置身于这个时代，秉持视觉文化的大概念，再回望世界以往的建筑史、艺术史，我们或许会有新的理解和认识。站在这个时代的前沿上，今天我们再看云冈石窟也会有新的发现。

← 第5窟内室景，雕塑与建筑结合，雕塑与山融为一体。

一 / 佛教艺术东渐的历史背景

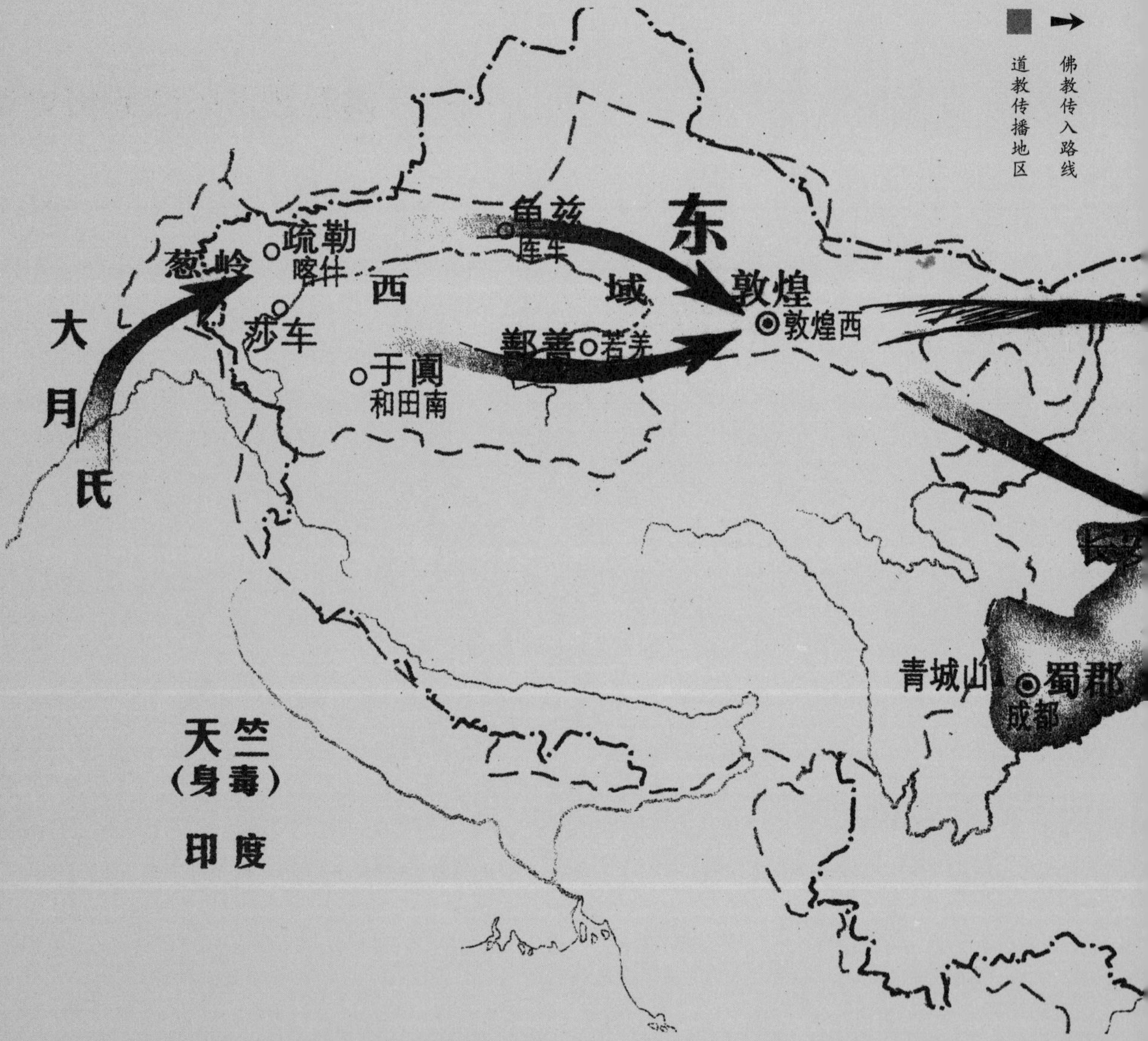
佛教传入路线
道教传播地区
大月氏
葱岭
疏勒
喀什
莎车
西域
龟兹
库车
东
于阗
和田南
鄯善
若羌
敦煌
敦煌西
青城山
蜀郡
成都
天竺
（身毒）
印度

一 佛教艺术东渐的历史背景

人类生命中的宇宙是非常奇妙的，宇宙一视同仁地为所有的生命提供居所，因此人类一直对它怀有感恩与敬畏。宇宙还为我们的精神预备了家园，这是人类高于其他生命的可贵之处，也使人类有了形而上的追求，佛教就是宇宙宗教情感的一种。佛教诞生于古印度，炎热使古印度人在一年中的大多数时间，都无法从事正常的农牧业生产，他们便选择了山林窟居，把出世的冥想作为打发时间的主要手段，瑜伽即是冥想的姿势，而佛教则可以说是冥想的结果。佛教本应在印度最为辉煌，但因各种原因几起几落后，一度在本土几乎湮灭，后来舍弃原生地，转向外域、外族发展，先是中亚，然后东传中国、日本及东南亚各国。而这些国家的佛教发展则青出于蓝而胜于蓝。

← 佛教东渐示意图。

每一种宗教的产生，都与当时的社会状况有密切的关联，印度佛教的产生也是如此。公元前5世纪，有浓厚宗教氛围的古印度，正处在一个大动荡、大变革的时代，身为沙门的释迦牟尼因不满婆罗门教的特权思想，以哲学家的智慧点燃了世人对佛教的热情。释迦牟尼原为净饭王太子，从小在宫中享尽人间奢华，29岁时知道了人的生、老、病、死的种种苦恼，意识到生命的无常，遂放弃了享乐生活，入山学道修行。6年苦修未得正果，后来在菩提树下仰望星空豁然悟道，从此后45年积极传播佛法，于80岁时在娑罗树下涅槃入灭。佛教想要达到的，其实是想让人类的灵魂世界摆脱身体欲望的桎梏，能在精神层面上感悟到人世间万物之本原。所以佛教追求精神价值是不言而喻的，印度佛教的这种文化精髓在以后东渐的过程中，对中国佛教造像艺术上的形与神都产生了巨大的影响。

到公元前3世纪，佛陀入灭后两百年，孔雀王朝的阿育王皈依佛教，四处巡礼佛迹，竖立石柱，广建佛塔，从那时开始便有了佛塔这样的佛教建筑和佛教艺术出现。佛塔是佛教建筑的重要标志，它源于释迦牟尼涅槃前交代弟子，他入灭后遗体焚化，焚化后得舍利子分予各部，建塔供养，人们常称其为舍利塔（印度称为窣堵坡）。佛塔的建筑式样和局部装饰都是为衬托佛的威严和肃穆，他们用这些来暗示佛祖的存在，是佛陀一种精神的象征。佛塔经印度传到中国，经历了不断的改造和融合，最后形成中印各自不同文化特点的佛塔。

公元1世纪，中亚的大月氏人建立了印度历史上的一个大帝国 — 贵霜王朝。中亚地处东西方交通要冲，是古印度、中华、波斯、希腊、罗马等几大文明的交汇之处，也是这几大文明和草原文化的交汇之所。佛教文化的产生、发展和传播就和这里有着密切的关系，大月氏人当时与罗马和亚洲之间的贸易往来非常频繁，贵霜王朝的首都犍陀罗成为欧亚大陆各民族集聚的中心。公元前4世纪，希腊马其顿国王亚历山大东征后，犍陀罗沦为希腊的殖民地，曾一度连接印度和西方文

→妙趣横生的小佛。

明，成为希腊文化在印度的重要中心。贵霜王朝统治的犍陀罗，诞生了佛教新的门派大乘佛教。宣称人人皆可成佛的大乘佛教，提出塑造佛的形象，用古希腊的造型艺术手法来造佛像，成为犍陀罗艺术最基本的特征。犍陀罗的佛像以青灰色片岩雕刻，造像风格冷峻而沉着。希腊和印度文化结合创造了犍陀罗的辉煌，使佛教艺术由对物象的塑造，逐渐走向对佛造像的艺术追求。犍陀罗的佛造像在佛教艺术史上有着重要的地位，其造像风格沿着丝绸之路向东进入中国，直接影响了西域、敦煌乃至云冈的佛教艺术，这在云冈的佛造像有明显的体现。

←犹如现代雕塑般的早期洞窟壁面。

→ 第19窟南壁的释迦佛像，后面我们可以看到它的环境设计，此照片是佛像侧面的具体造型，佛像头部基本是圆雕，靠近脚部就是浮雕了，这样佛像身体微微前倾，突破了他所在的壁面，使建筑空间发生微妙的变化，以表现故事的主题。佛像满面充满了慈祥，雕刻的非常仔细，比起云冈其他造像可说是精雕细刻，五官表情细腻，『通肩大衣』精致到都雕出薄薄的质感，佛身长度不是云冈佛造像的基本模式，此像的风格和韵味明显受到印度犍陀罗佛造像艺术的影响，是云冈早期石窟的佛像，也是云冈石窟的经典巨作之一。

贵霜王朝时，印度的佛造像有两大中心，以西方影响为主的犍陀罗，还有以印度本土风貌为主的秣菟罗。秣菟罗位于恒河支流的印度中部，早在贵霜人到来之前，就是著名的宗教中心，佛陀诞生地蓝毗尼，成道地菩提伽耶，初转法轮地鹿野苑、涅槃地拘尸那迦及传教中心祇园精舍等著名圣迹都在此密集。在犍陀罗开始大规模造像运动时，秣菟罗也出现了供奉佛像的情况，由于古印度人崇拜生殖和丰收，又地处热带，人们轻纱薄衣，故这里的佛像均以带有橘黄色斑点的红砂岩材质为主，颜色温暖而热烈，造像强调丰满和肉感，因此更具有印度本土化的艺术风格，审美情趣与印度本土的传统审美思维相契合。

4世纪初，中印度又出现了一个笈多王朝，它统治了全印度。笈多王朝信奉大乘佛教的瑜伽行派，佛教在这时又得到极大的推崇。笈多王朝的佛像含蓄细腻，既注重肉体的健康之美，又强调精神上的沉静内省之境界，比例协调，气质端庄，完美的艺术形式和纯净的宗教精神在每个佛像的造型上都能得到显示，形成了融犍陀罗、秣菟罗于一体的笈多艺术。笈多艺术传入西域正值西域佛教发展的盛世，时间大体相当于我国魏晋南北朝至隋唐时期。中国佛教艺术起源于印度的犍陀罗，受影响最大的是笈多艺术。

要理顺佛教、佛教艺术东渐到中国的脉络，阿旃陀石窟、敦煌莫高窟、云冈石窟都是必然要提到的关键点。我们把三个石窟做一下比较。阿旃陀石窟大约开凿于公元前1世纪，停建于公元6世纪，前后历时大约700多年。莫高窟开凿于公元4世纪，大约停建于公元14世纪，先后经历了十个朝代，历时1000年左右。云冈石窟开凿于北魏和平初年公元460年，停建于公元524年，先后大约经历70年，其中主要洞窟都在前35年完成。

这三个石窟都是在高原上依山开凿，且山势都不高，山前都有一条河，山根的古道都是当年的商旅要道。从选址看中国石窟的开凿，就是比照印度的模式，它们虽然都是石窟，但山体的石质和硬度不一样，因此石窟的构建形式及壁画和雕刻的情况也不太一样，阿旃陀石窟是雕凿在玄武岩上，质地坚实，相对建筑空间的跨度大，窟室规整，雕像端庄，壁画美妙。莫高窟是在敦煌鸣沙山砂砾岩上开凿的，疏松的岩层是砂和小石粒胶结而成，质地松软无法进行精雕细刻，现存的雕像，多是用鸣沙山前河流里沉淀的胶泥，结合草、木，通过雕琢及彩绘而塑造成的泥塑，壁画给洞窟内容做了最好的补充。这两个石窟一个是因为岩石坚硬雕刻有难度，大量的佛教教义、佛教故事就只有通过壁画来表现，另一个是因为砂岩太疏松不易成型，也只好用壁画来表现，因而留下的壁画也很多。两个石窟的壁画虽然风格不一样，但都是以线条和色彩闻名于世，而且线条和色彩都成了情感的化身，神秘莫测与精湛唯美是这两个石窟壁画的共同特点。云冈石窟则是由黄色砂岩构成的，较为适宜粗犷雕刻，故整个洞窟为全石雕凿而成，壁画较少。

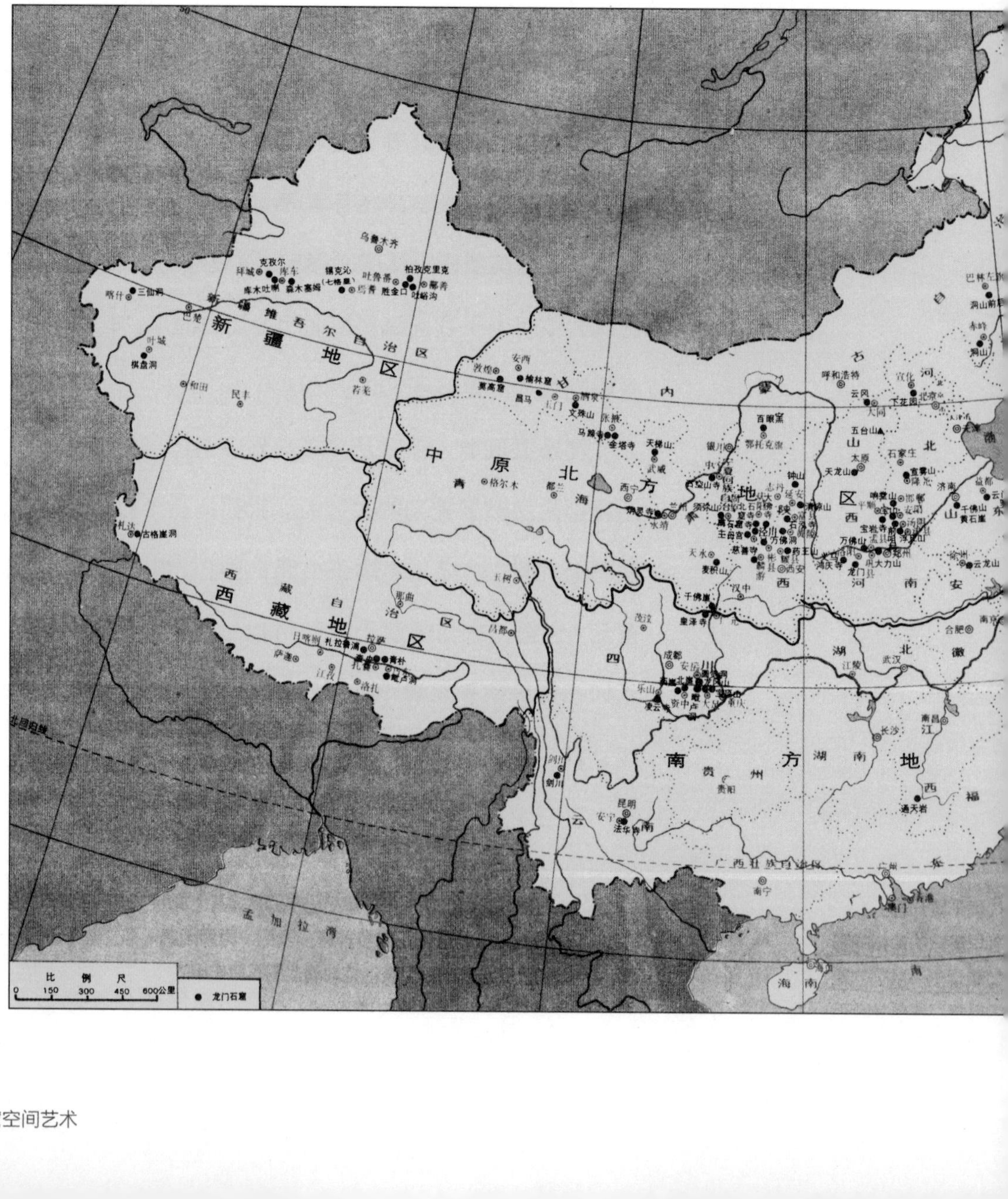

→ 中国石窟分布示意图。

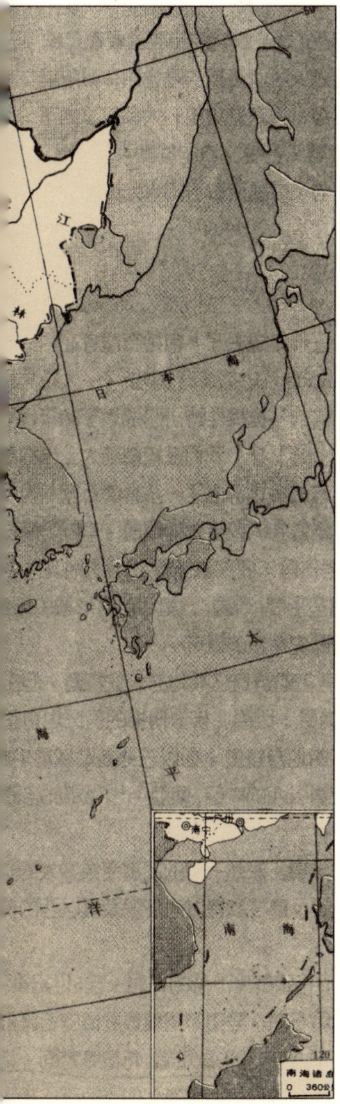

在建筑空间结构上三个石窟也有所的不同。由于印度气候炎热，僧人们大多远离尘世，依山傍林伴以清流，在宁静的环境中修炼。印度石窟大多作为集聚、修行的建筑形式存在，阿旃陀石窟有29个洞窟，其中大多数是毗柯罗窟，毗柯罗窟的意思是比丘住所。这些洞窟中心呈方形空间结构，周围遍凿供居住的石室。阿旃陀石窟有5个支提窟，支提式石窟为僧徒拜佛的场所，这是阿旃陀石窟最佳形象的代表，主体为一长方形拱顶殿堂，后半部呈马蹄形，中央部分隆起呈拱券状，两侧低平，窟内四壁周围雕凿华丽石柱与中堂分开。在平面格局上与欧洲基督教堂的平面格局有些相似，在中堂后部正中，相当于基督教圣坛的位置立着一个窣堵坡。这种东西方宗教建筑空间上的相似，并不只是一种偶然的契合，说明在宗教建筑空间的追求上，东西方可能也有某种共同的因素在起作用。

魏晋南北朝时期，佛教石窟寺经中亚走向中华，对于源于印度遁迹山林的宗教修炼方式，中国僧人还不十分了解，气候也没有那么炎热，中国的石窟寺大多把西土佛国洞窟中修行的古代印度高僧，以石刻雕像的形式，象征性地移至到中国的佛教洞窟中，而自己并不完全实践这种修炼方式，他们只是在洞窟中以供养人的形象代替本人，厮守于深山古寺，侍奉佛祖修炼功德，这使得中国的石窟里有很多各种各样的供养人形式。中国石窟寺的空间没有那么大，莫高窟和云冈石窟的洞窟平面多为马蹄形、方形及近似方形的长方形，这些空间大多供人们参佛和礼拜用，坐禅的禅窟也是有的，零星分布。而僧居的寺院，则建在石窟之上或旁边。

从以上三个石窟的地理位置上，就可以看出佛教东渐的路线，可以看到佛教艺术在东渐过程中发生的演变，石窟建筑、石窟造像由有犍陀罗、笈多艺术色彩的风格，逐渐演变成中华汉风，这是一个不快不慢的过程。

西域（今新疆一带）是佛教进入中华的第一站，形成了自己的佛教中心，以龟兹最突出，具有代表性的要属充满异域风情的克孜尔石窟。河西走廊是佛教东渐的前沿驿道，自古以来这片土地就是多民族逐鹿和聚居的地方。沿着这条通道有很多石窟点缀其间，敦煌莫高窟、永靖炳灵寺石窟、武威天梯山石窟、天水麦积山石窟等陆续开凿。凉州（今武威）是十六国时期河西政治、文化、佛教的中心，始终是河西地区具有强烈聚合力和辐射力的佛教艺术中心，它直接影响了中原和江南地区。

→『佛如帝身』的大佛，早期昙曜五窟之一，第18窟大佛。

→中期石窟中托塔的力士。

东汉年间，佛教初传到中原时与汉文化还存在着一定的隔膜，当时中国人对其教义还不甚理解，所以佛教并未能真正意义上在中原大地生根。直到拓跋鲜卑族挥师南下入主中原，建立了北魏王朝，佛教和佛教艺术才在中华大地上开始了新篇章。北魏推崇佛教成功，也不是偶然的，它主要解决了一个问题：皇帝是现实中的主宰者，在佛国中又是精神领袖，即“佛如帝身”，佛陀成了帝王的化身。古代中国人骨子里所追求的理想，是天地人和与宇宙秩序，古代中国人所关心的天地人和，主要是涉及天人关系方面的问题，而宇宙秩序所涉及的内容，则更倾向于社会的人际关系方面的问题。中国人相信如果社会人际之间也如天地宇宙之间一样，有严格的等级秩序与协调的相互关系，社会就达到了它的理想状态。“佛如帝身”解决了现实社会中不能有两个中心的问题，“礼佛即拜皇帝”使传统社会中一个中心的秩序得到了延续，使佛教在北魏得以大发展，建窟造寺，经久不衰。北魏的佛教艺术成就主要体现在石窟寺上，中国无数石窟中，北魏时代的雕塑、壁画和佛造像都是最为灿烂辉煌的。佛教自印度、西域、河西至平城而大盛，云冈石窟是标志。

云冈石窟位于我国北方的山西大同（史称平城），地处北魏时期丝绸之路的最东端，是中华早期佛教建筑的重要遗存。公元5世纪，彪悍善战的鲜卑拓拔族经过连年的征战，集中了大量的财富、物资和人力，并通过对甘肃、新疆的征服，迎来了中西文化交流的新高潮，平城成为中华佛教的中心，由于北魏皇帝对佛教推崇，平城集聚了大批西方高僧和凉州僧侣，云冈石窟的东方佛学圣地的梦想终获成真。

二 / 云冈石窟视觉艺术价值分析图

二 云冈石窟视觉艺术价值分析图

第10窟内室的佛龛，菩萨形象鲜活明亮。

云冈石窟视觉艺术价值，我们综合来看，主要体现在单体雕塑、群体雕塑和由雕塑组成的建筑空间三个方面。雕塑单像、雕塑群像在历史上多有研究，学术价值早已肯定，而由雕塑组成的特殊建筑空间的研究，还基本是空白。我们今天研究云冈石窟在视觉艺术方面的伟大成就，实质是在探讨中国佛教建筑和佛教艺术在视觉文化上的内涵和意义，研究云冈石窟建筑空间和艺术空间的概念，实质是寻找中世纪中国佛教图像所创造的视觉梦幻空间最高水平的所在，研究云冈石窟中国化进程，实质也是探求佛教艺术在人类视觉文化发展过程中的结点。本文希望从视觉艺术的角度，从视觉大文化的角度，对石窟建筑空间进行探讨，这样才能有利于云冈石窟学术价值早一天被世人关注，使云冈石窟的艺术成就得以发扬光大。

◎雕塑追求建筑感
山的建筑，建筑的山
◎没有文字，以图像为主，高于等于现在的视觉文化现象

云冈石窟
（原石雕塑）

↓

单体雕塑

↓

组成雕塑群体

传统意义（历史的肯定）

睿智的微笑，洞悉哲理的智慧精神，摆脱世俗的洒脱精神，唯美的造型，以形传神。
中国雕塑艺术理想美的高峰，中国文人理想审美的终极目标

↓

利用装饰艺术形式 ← **雕塑构建的特殊建筑空间镜窟**（没有被认识） → 通过拜佛、礼佛，可以体会到云冈石窟建筑空间的舒适性，和谐性高于其他石窟

↓

挖空心思，利用视觉技巧，可以看出有目的的追求 → **幻境、梦境、冥想、修行**（精神层面社会学、哲学、宗教意义） ← 精神追求高于一切

↓

视觉所引起的感觉，大脑所想

↓

通过旋绕佛塔 → **自明向暗** → **未知世界**

↓

精神升华 ← **虚幻世界** ← **自暗向明**

↓

求达到觉悟成佛的最高境界

佛教
北魏玄学

对宇宙本源、人的本质、人与自然的关系、人生最终命运等哲学问题探索
重精神、重灵魂、重直觉

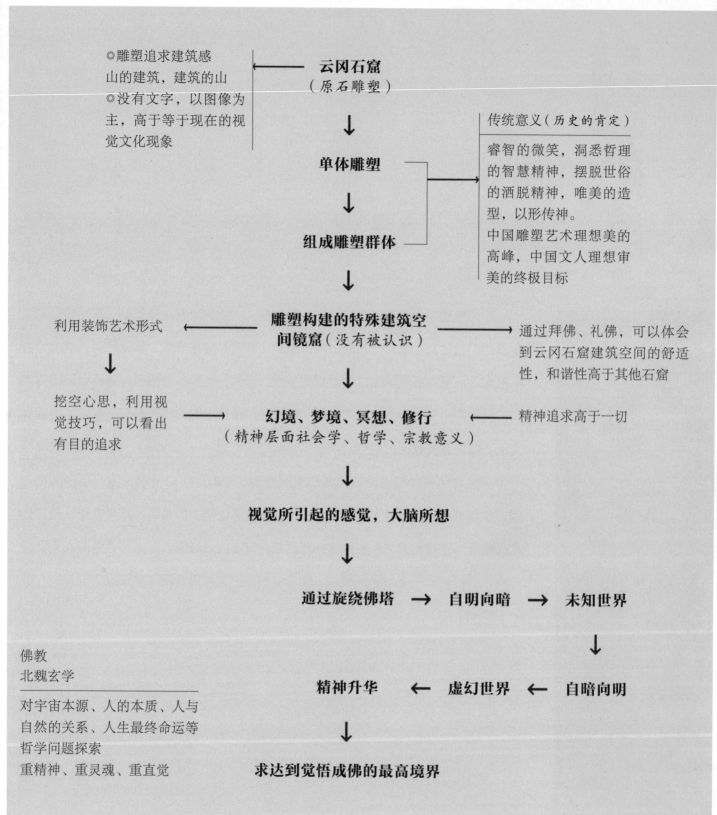

↓ 第13窟内景，中心塔柱直耸窟顶，整体设计形式感强。

← 中期石窟第7窟思维菩萨，这种造型的菩萨像在云冈很多。

三 云冈石窟 中国特色的选址及其建筑风格

→ 云冈各种岩石的机理。

↑ 第11-8窟北壁佛龛线描。这是一个小窟虽然不大，但形式美感极强。

三 云冈石窟中国特色的选址及其建筑风格

今天我们从视觉文化的角度看云冈石窟的开凿，就会发现其模式都具有浓厚中国文化特色。

1 石窟的开凿充分地利用了当地的自然条件，浑然天成

宇宙真的非常奇妙，我们通常认为，一个人的内在气质会由他的外形显露出来。其实一个地方的内在精神也会从其外部显现出来，如果说一地有一地的灵性，那么有些地方则更是具有特别的魅力。中国古代的风水学认为，大地遍行自然灵气，山水风景皆有生命。所谓风水，归结到一点，是古代中国人对具有超自然力神秘“气”的寻求与经营的法术，风水其实就是“天人合一”的学问。寻找建筑景

观吉地，风水是关键，只有藏风得水的地方，才能得以行气，才能产生灵气，寻找吉地实质大多是为了寻找超自然力的存在地，因此石窟寺的开凿依山临水是很普遍的。自然环境要达到这些要求，进到人性的层面上，那就是注重人所活动的区间：建筑布局和空间结构的组合是否适宜，是否符合寻找的要求。天人合一的好风水，古人认为就是人与天与自然能和谐沟通之宝地。要想实现这种愿望，选址是至关重要的，云冈石窟当时的选址可谓是匠心独到的。

中国人对自然对山的崇拜精神从原始就有，山被认作是使人充满崇敬和畏惧的混合体。大同地处晋、冀、蒙交界，介于内外长城之间，居大同盆地西北。地势西北高，东南低，海拔1000 ~ 1500米，历来是汉族与匈奴、鲜卑等少数民族之间的交通要道。这里有山、草原、平原，三山在此环绕，河水贯流其间。云冈石窟背山临川，古代这里是一个山环水绕自然环境清幽的地方。

↔ 云冈经过了雕刻，然后又风化了的壁面，留下了各种各样斑驳的神像。

云冈经过了雕刻，然后又风化了的壁面，留下了各种各样斑驳的神像。

石窟开凿在一片侏罗纪灰黄色的砂石岩层上，砂岩是中粗粒，硬度适中，由于天然石质比较适合大型雕刻，所以洞窟佛像全以石雕表现。砂岩质感浑厚深沉，颜色温暖，以黄色为主，夹杂着紫红色、朱红色、土黄色、灰蓝色、深绿色、奶白色等等，裸露的岩层暖暖的，一层层起伏流动，有的像行走的云，翻卷上下富于变化，有的像云雾朦胧在大山中飘过，有的像一排排供养人急匆匆赶着朝拜，有的虽然什么也不像，但有生动的韵律，质朴的色彩，它们的机理是那么特殊，暗含的灵性让你感动。我走过很多山，看过很多洞，但像这样粗犷而丰富，像画一样的砂岩石并不多见。“云冈”之称不知是何人何时何种原因定名？但现在看来其灵性仍然奥秘无穷。

第7窟天顶平棊藻井线描。

云冈各种经过雕造，历经岁月，又风化了的神像，有的面目全非，但都神韵犹在。

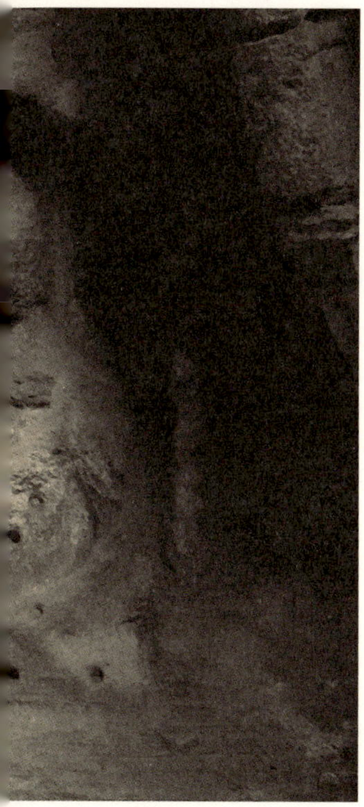

古代西方人认为上帝是万物的主宰，神在天上，因此它的宗教建筑都追求高大的空间直耸入云，而中国人则倾向神与人同在一个世界里，都是这个世界的一部分。中国人还认为玉、石都具有灵性，能与神灵沟通，而土、陶、铜、铁则不行，在云冈你可以切切实实的看到这一切。走在云冈的石窟中，当你面对着云一样的岩石时，特别是那些雕造出洞窟，尚未来得及雕造出形象的壁面，以及那些已经风化了佛影，而后又重新裸露出的壁面，仔细看你会有很奇特的感觉，这些岩石像一件件成熟的抽象的雕塑作品，在第3窟、第5窟以及很多很多的地方，处处可以看到这种起伏和韵律，处处可以摸到这一个个伟大的巨形自然之作。砂岩经过了人类的雕凿和抚摸，经历了天地的洗礼，浸透了历史和岁月，就更具有了灵气。质朴粗放的品质，好像北魏先人一样自然浑厚。特定环境与特殊材料，在这里除了被人利用，更多的还被体现为人与自然之间的缘分。建筑是人类文化的结晶，也可以说建筑之魂是文化，它是一门有生命的艺术。云冈石窟作为佛教建筑也是有生命的，生命是灵动的，石窟建筑也同样是灵动的一个活体，因为它倾注了无数人类的情感。云冈石窟的砂岩的材质淡化了人间的烟火气，砂石岩的颜色更符合了中国建筑空间意识中，温暖的而不是阴冷的感觉。砂石岩特殊质感的洞窟空间，包容了北魏那个特定历史时代，对佛教的信仰和崇拜。

↓第3窟开凿过程中途停工后，遗留下的地面、壁面及通道，可以明显看到洞窟是以整座山为材料，用减法除去无用之石，留下精华，创造奇迹。

↙第12窟主室窟顶线描，这个平棊藻井也分作九格，除了格子中的诸神，格子周围的小飞天排列有序，并有复杂的对称关系。

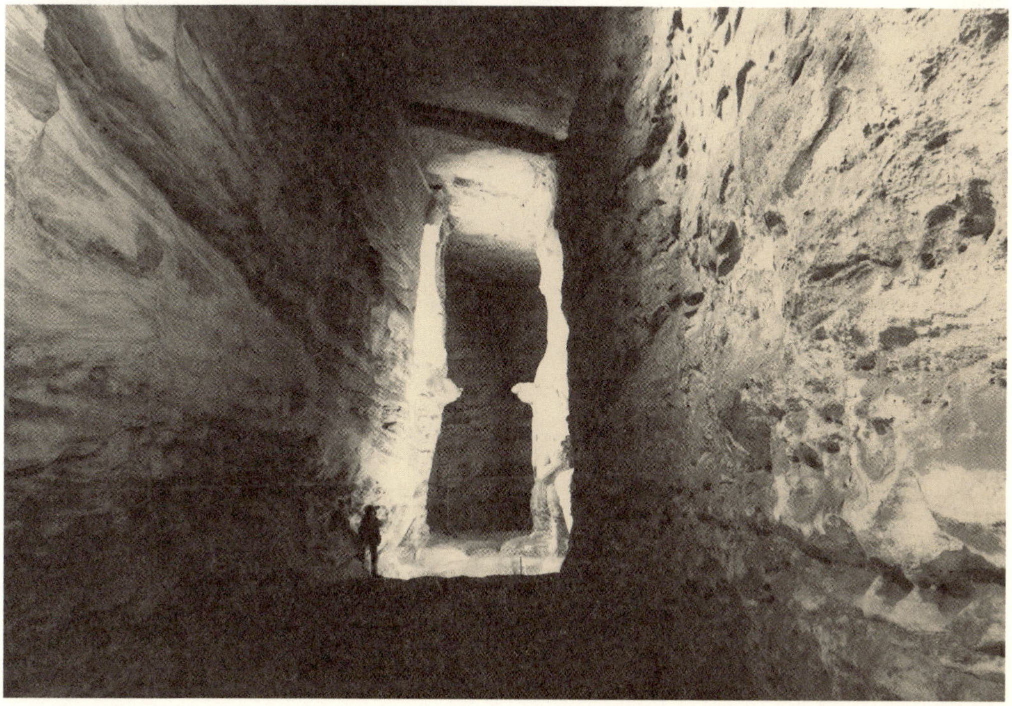

→ 飞天，呈倒三角形。

↑ 风化了的窟外壁面，保护后的情景。

← 第3窟被岁月腐蚀了的神像。

石窟寺是一种非常特殊的建筑，它以整座山为材料，用减法凿挖空间，除去无用之石，留下精华，它是建筑的山，也是山的建筑，山与建筑融为一体，是人类创造与大自然的奇妙结合。云冈石窟的开凿，选择了这充满神气的土地，非常充分地利用了周边的自然山脉，利用了侏罗纪地层砂岩的质感，充分地发挥了大自然给予的一切，敬畏并重视了人与自然之间相互依附的关系，石窟和大自然浑然一体，砂岩经过了人类的雕凿和打磨，若隐若现的变化，使其更具有灵性。石窟开凿正确地选择了这块超自然力的存在吉地，使其成为了千古以来能与人沟通的神灵，1500年来感动了无数人，成就了云冈石窟这个旷世奇观。

云冈石窟是佛教石窟寺，但通过它的选址结果，却可看出运用的是中国道教风水学的原理。从这一侧面，也说明尽管佛教东渐，强势进入中国，但并未成为中国的国教，中国主流文化仍以儒学、道教为基础，最终形成以儒学、道教和佛教三种体系为主，广阔的大中国文化背景。

2 云冈石窟体现了以中国建筑风格为主、中西文化合璧的建筑空间特色，相得益彰

在社会文明早期，人类各种不同文化都走过了十分相近的路，都产生过类似的原始空间观念。随着社会发展，由于文化与宗教背景的不同，在空间宇宙模式观念的形成上，在神圣空间的内涵上，渐渐地发生了差异，形成了东西方空间观念上的相同与不同。中世纪的西方占主导地位的是基督教神学，上帝是世界万物的主宰，人们的思想中充满了对上帝，这个具有超自然力神的迷惑、恐惧和敬畏。

这时期的西方建筑，多追求大体量的形体与充满神秘感的高耸空间，建筑师的创作，在很大程度上不是个人主观思维的产物，而是一种符号性的文化象征所限定的东西。中国人对建筑的认识则是方便舒适，追求适度的体量与空间，追求横向的威武与气派，中世纪中国建筑思想基本被限定在传统思维的框架中，比如：建筑选址往往受超自然力风水理念的影响；建筑图式又充分体现儒家礼仪规范；而建筑空间的基本构成与中国文化中方位象征图式密不可分等等。云冈石窟从选址到建筑也处处体现了这个特点，总之，也没有摆脱对宗教超自然力信仰的左右，这点和西方特别相像。世界上许多宗教的传统建筑，其内在的基本原因是想寻求与超自然力的契合与沟通，并希望通过建筑来得到超自然力的帮助，这也反映了全人类文化中最深层次的特点，这一点上东西方文化是有相同之处的。

← 第8窟明窗侧的供养菩萨像，第8窟和第7窟一样，明窗两侧都各有一尊供养菩萨像，此像是建筑感极强的立柱，造像圆润丰满，身体紧紧附在壁面上，与建筑结构融为一体。

← 第8窟建筑感极强的立柱，雕塑随建筑而转折，雕塑因建筑而存在。

← 第8窟这是两个佛龛的边侧，组成的一个画面。

↑第6窟东壁，佛传故事连环画线描，试艺订婚，构图饱满，形象不重叠。

北魏时期云冈石窟的建筑外观，现在早已荡然无存，所以我们只能根据史料，来想象1500年前的窟外建筑和风景，根据现在遗存，来分析每个洞窟建筑空间的结构元素。石窟寺是古代印度源于宗教崇拜而创建的一种建筑形式，随着佛教自印度向西域和中原地区推进，这种建筑也随之向东拓展。按照印度石窟模式开发，到加入中亚地区色彩，逐渐与当地传统建筑形式相结合，再到进入中国内陆，形成具有中华本土特色的建筑形式，直至到中原彻底完成了其汉化的进程，这是石窟寺在中国走过的路程。云冈石窟是这个过程中的一个重要结点，它吸取了印度佛教石窟建筑空间的神秘与精华，采用了中亚的大像与巨塔，并在开凿过程中，又融入了很多中国的文化元素，更重要的是又加进了中国人对佛教建筑空间的理解和追求，创造了非常经典的完全中国化的佛教文化建筑空间的圣殿。石窟寺作为僧人礼佛、拜佛、弘扬佛教的场所，它不仅是佛教艺术的集中体现，也是我们打开佛教思想之门的一把钥匙。云冈石窟是我们今天了解和研究中国古代佛教建筑、佛教艺术和佛教思想，最直观的博物馆。

←第6窟内景，从窟中一侧角看顶天立地的中心塔柱。

云冈石窟现存窟龛254个，其中大型洞窟45个，依山排列，东西延绵1公里。云冈石窟主要有以下几种窟形结构：塔庙窟、穹庐窟、庑殿窟、鹫岭窟以及小型龛窟，这几种窟形大多属于西来样式。塔庙窟主要指1、2、6、11、35等窟，这些洞窟的中央为一方形塔柱，有的塔被雕凿成北魏木结构佛塔的样式。还有的中心柱并不是简单的雕成佛塔，而是在四面凿出佛龛，龛内凿出佛像。这种中心柱式的石窟布局，是印度佛教石窟窣堵坡的变形，从象征意义上讲，是将中心柱比作佛塔，佛塔就是佛陀的象征。绕塔旋转和绕佛旋转的礼佛仪式，则属宗教意义上的要求。由佛塔自身的内涵延伸，它又是宇宙之树，是世界之柱的象征。在洞窟中央设立塔柱，或四侧雕凿有佛龛的像柱，都象征着树立于天地之间的宇宙之柱，第6窟就是最典型的代表。

穹庐窟形的洞窟，主要指云冈早期昙曜开凿的16、17、18、19、20窟，还有第5窟和第13窟，人们常称大像窟。之所以称大像窟，是因为在洞窟中心位置，雕凿出顶天立地的佛陀大像。这种以佛本尊造像为窟内主体的石窟空间形制，与以塔柱为中心和以带有佛龛的中心柱为核心的空间结构，在宗教象征意义上是一脉相承的。这一洞窟的空间形制的变化，可以说是佛教史上从最初不设偶像，到崇拜菩提树、崇拜佛塔～窣堵坡，最终在寺院和石窟寺中供奉佛陀像演化过程的一个缩影。这也显露出石窟寺中由印度、中亚，走向中华的东渐历程。

↑ 第7窟廊柱底座上沿的花饰。

↖ 第12窟外室北壁的廊柱。

← 第8窟廊柱上的力士。

第9、10、12窟，属于庑殿窟。外表仿宫殿建筑，洞窟具前廊后室，整齐划一。庑殿窟虽然是按中国建筑理念设计，但前室廊柱是地道希腊神庙前柱廊的形式，廊柱是由狮和象承驮着八角柱，其正面现已风化全无，但背后形象犹可辨识。廊柱的柱头和柱础部分极具西方异域特色，柱身虽然雕满了整齐的小佛龛，但其形式明显受希腊、罗马的影响，整体廊柱和带廊柱的前室，是在云冈石窟看到的最为明显的西方建筑的影子。

→面对山石，从石窟正面看，木构建筑和山体连成一片。

→ 风雪中的石窟木构建筑和山体完全融为一体，面对这浑厚之景，沧桑之感由心而生。

← 从石窟前的西面向东看，第5、6窟的前室木建筑和山体结合的如此紧密，真可谓『因岩结构』天衣无缝。

现在我们看到石窟好像是一个个单体洞窟，平面简单地排成一排，连成一个群体。但据“水经注”史料记载，当年“凿石开山，因岩结构，真容巨壮，世法所希，山堂水殿，烟寺相望……”此描述虽然不能全面地反映出1500年前的云冈，但“因岩结构”可以看出当时根据自然环境设计的情况，如现在遗存的第5、6窟前的木构殿阁，虽然不是北魏时代的，但它含着历史的延续，从侧面看去与“因岩结构”仍是那么贴切；而由“山堂水殿，烟寺相望”也可以推测出，当时石窟寺与山水融在一起相当壮丽。不难想象北魏时洞窟外的景象和现在还是有很大差别，可以肯定云冈石窟一开始就不是以单一的独立的洞窟为最终目标，而是一系列规模宏大的皇家建筑群体。云冈石窟虽然呈一字形排列铺开，但各洞窟的高低、前后、深浅、样式等外形并不完全相同，且分别为若干寺庙，相互连接地组成了一系列复杂的群体结构，以整体建筑群的空间结构制约取胜。严格的制约是中国建筑上一种非常复杂的高度综合的艺术创作，这种相互连接和配合的群体建筑是典型的中国建筑特点。

← 第19窟佛像，面对这样气定神闲的佛像，你的心能不静下来吗？什么样的贪欲不能放下来。

← 第19窟明窗侧面，布满大小佛龛的转折壁面，这是一个服务于建筑功能的设计，佛龛并不影响建筑结构，壁面建筑感极强。

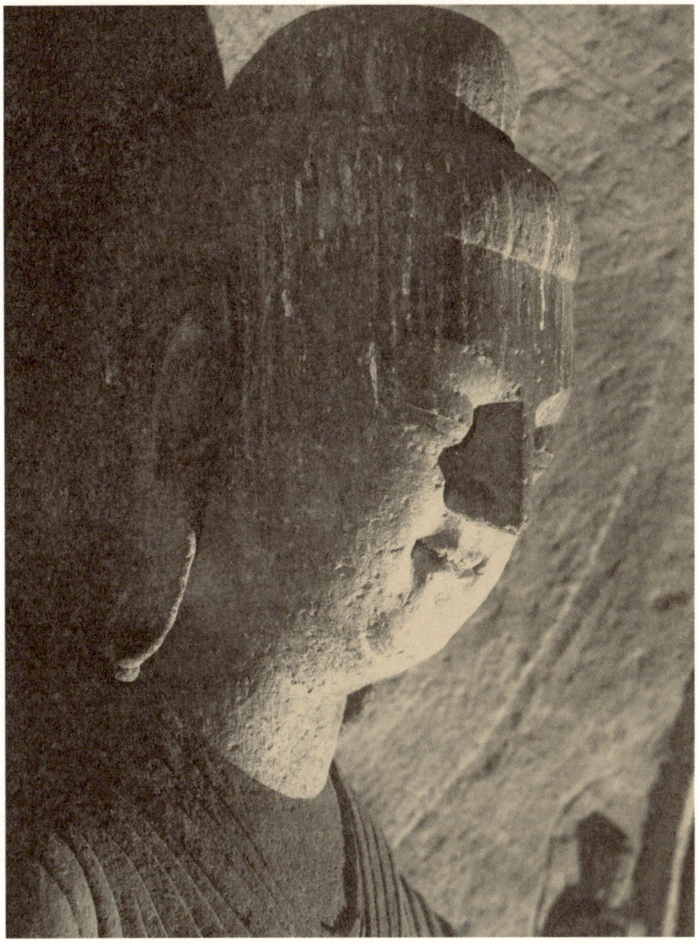

↑ 第19窟南壁局部，释迦佛头像，正因为精神上对佛祖的无限崇拜，古代工匠才雕凿出了这样的神像，我无法用文字描绘佛像所传达的境界，每个人的感受也许会有所不同，但面对这样圣洁的佛像，你总不能无动于衷吧？此像带有强烈的西来文化的神采。

↑ 第19窟南壁，这里刻画的是一个佛传故事『罗睺罗父子相会』是释迦牟尼成佛后的一个重要事件。释迦佛高高立于莲台，挺拔伟岸，周边壁面雕满了千佛，大小、主次对比强烈。惊天动地的大气设计，令人感动，这非一般人所能创造，这是精神上对佛教虔诚的崇拜，这是意念上阳刚、自信的神领，这是云冈早期石窟的辉煌。

在中国人看来，一座单体的建筑物或一处单独的建筑群，不是一个孤立的存在，它既是更大的空间组群中的具有特定地位的一分子，又是天地宇宙之间整体空间秩序的一部分。云冈石窟的每个洞窟，独立简单的空间连接成一排，形成一个有机的群体，一个洞窟到下一个洞窟，一个空间转入到另一个空间，内部到外部，每走几步窟内窟外的景观、轮廓、光影都在不断地改变，空间在不断地变化。时间在持续，重复与变化。空间与时间，这里已把空间的意识转化为时间的进程，这同西方宗教建筑孤立、高耸入云、指向神秘上苍的观念截然不同。这也体现了中国建筑空间的特点。

↑第5窟内室南壁拱门旁一供养人像，你什么时候去，她什么时候在，永远那么迷人，随着观看角度的不同，随着窟外天气早晚、阴晴变化的不同，此像的表情都会发生微妙的变化，这神像俨然已人性化。

除了从这种群体模式看，从现在很多洞窟的本身构造和洞窟中石雕上所刻的塔、殿宇、斗拱、屋顶、门、门楣及藻井等等方面看，再从窟前的木构建筑的构架部分如支柱、斗拱、檐脊、椽瓦等形式也都可以看出，它们所表现的建筑式样完全是中国建筑几千年来固有的式样。

云冈石窟的建筑模式，是在建窟之始就已有设计，窟形与当时开凿者设计石窟时所要表现的内容密切相关，窟形也决定了石窟的构建艺术特色。虽然它在中国开凿，但它的开凿是深受印度、中亚石窟的影响，因此出现含有中、印、西方建筑形式合璧的视觉文化色彩就不足为奇了。佛教建筑的本质是一种宗教艺术，尽管它的表现形式融合了多种文化元素，但它所承担的传播佛教教义的功能并没有由此减弱，它所追求的精神觉悟空间的目的也很明确，希望借助佛教空间给修行者更多的力量和帮助，帮助更是中国修行者的最终愿望，也是中国佛教建筑在中世纪那个特定历史时期的特色。此外云冈石窟还融合了明显的北魏鲜卑族固有文化的因素，石窟最终是以中国建筑模式为主，并有中、西、鲜卑文化融合的整体形象，展现于世人的眼中，中国佛教建筑和佛教艺术的丰富多彩，更有利于彰显佛教精神的博大精深。

不光石窟建筑有融合，造像艺术也体现出佛教东渐过程的融合，这在佛造像上可以看出，佛造像的眉眼、服饰及整体造型都在由梵过渡到汉。特别是在装饰花纹上更可看出，这些纹饰多为希腊、波斯及犍陀罗传过来的题材和式样，如忍冬纹、莲瓣纹等等，这些花纹到云冈多有改造。我们知道，中国上古并无多少花草图案，北魏开凿云冈石窟所展示的大量花草纹样，实在是西方外来艺术的花纹图案一大总汇，这些纹样从此以后，以新变化、新题材的形象在中国散布流传，跨越大唐穿过明清，运用广泛时至今日，这是古代视觉艺术传播中，东西方文化大融合的一个铁证。

← 第10窟内室门楣上方图案的局部，在平雕的花纹中，用高浮雕手法，雕出一个童子，就像从花丛中钻出来一样，动静结合，恰到好处。门楣上一排共有五个这样的童子，整齐、秀美，可见古代艺人的创作水平。

↑ 第6窟壁面上层线描，第一层画面，伎乐天自成装饰线，花童、小佛龛、坐佛自成装饰线，组在一起，也成了一条装饰带，也是一层画面。

在我们品味云冈石窟这座特殊的佛教建筑时，应该要考虑到当时中国的社会状态，尽量客观的站在历史的角度，来看这座佛教建筑的艺术空间，来看佛教建筑及其艺术构建中所追求的超脱精神，来看反映佛教艺术东渐中国发展进程中不可磨灭的历史，因此当时的国情、人情、宗教情结及人生理想追求是佛教建筑的灵魂。至今云冈仍保留的丰富遗存，就能说明这些问题，这些遗存在中国佛教艺术史、中国雕塑史、中国装饰艺术史及中国建筑艺术的历史上都具有极高的学术价值。

四 云冈石窟的营造宗旨

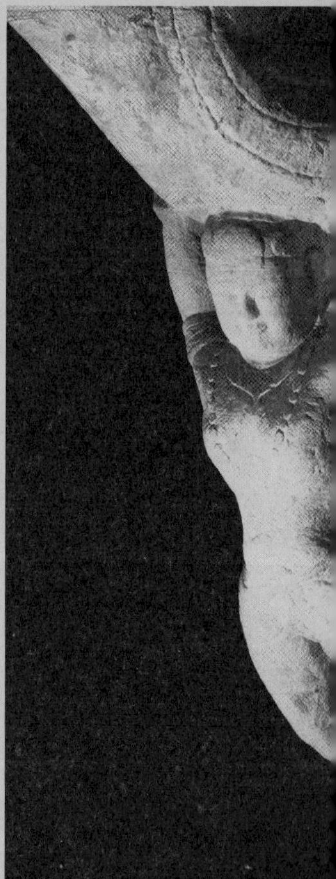

四 云冈石窟的营造宗旨

从古到今，人类在不同的历史时期和不同的地域，创造了无数不同的伟大的视觉艺术杰作，而这些杰作大多是宗教建筑，它们体现了人类智慧无限的想象力与创造力。云冈石窟就是在中国创造出的、气势恢宏的全石雕佛教石窟寺，是中国第一批重要的纪念性雕塑，它虽然在形式上和西方宗教建筑的神庙、教堂很不一样，但在本质和内容上完全一样。他们都是基于一种人类对宗教的热情，经年累月和石头打交道，在信仰巨大力量的驱使下，完成了世界上这些伟大的宗教艺术巨构。正是世界建筑文化丰富的背景，才使中国有了这座多元文化融合的石窟，它所包含的学问让我一直痴迷也让我思考。

← 第8窟的拱门转折处，形式美感极强的造型，力士作为装饰层层叠加，整齐有力，明显看出雕塑为建筑的需要而设计，雕塑为建筑的功能而存在。

← 第6窟佛龛帷幕上的小力士，看这卖力气的幼稚动作，令人忍俊不已。

云冈石窟作为北魏平城时代的宗教宣传设施，开凿的目的和意图，主要是为了宣传佛教教义，弘扬佛教精神，它信仰佛陀，崇拜菩萨，创造梦想，不是单纯的观赏，更不是简单的满足审美需求。石窟寺的功能，主要是拜佛、礼佛、修行和做功德，云冈石窟的营造开发上，一直是围绕佛教石窟寺的功能来做，更主要的是围绕着拜佛、礼佛来做。云冈早期的大像窟，是迎合北魏鲜卑族政治的需要，树碑立传，提倡拜佛，强调威慑力。开凿中期时，北魏的统治达到了巅峰，拜佛、礼佛、修行成为风气，石窟的佛像更强调亲和力。云冈石窟建筑空间上的雕像、构图，是很难纯粹以美观的名义和艺术的目的添加上去，建筑的雕像、构图和装饰都是因有佛教象征意义的理由而存在。建筑空间上的雕塑、绘画和独立的雕塑与绘画在性质上有所不同，建筑上的雕塑与绘画是根据建筑的风格、内容和构造而存在的，它比独立的雕像难度要大，局限性要大。云冈石窟建筑上的雕塑与装饰，在构建方面虽然处处体现着东方的哲学观和审美观，阴阳平衡，喜庆豁达，和谐对称，但却时时追求佛教的精神与境界，从组织结构到壁面构图，从建筑空间到具体造像，都在追求这种佛教文化的精髓。

↑第8窟内室明窗转角处的供养菩萨，第7、8窟内室明窗两侧的设计形式基本一样，两侧都各有一尊供养菩萨像，这也是因建筑需要而设立的雕塑，菩萨体态丰满圆润、舒适协调，使明窗和内室形成一个温柔的转折。

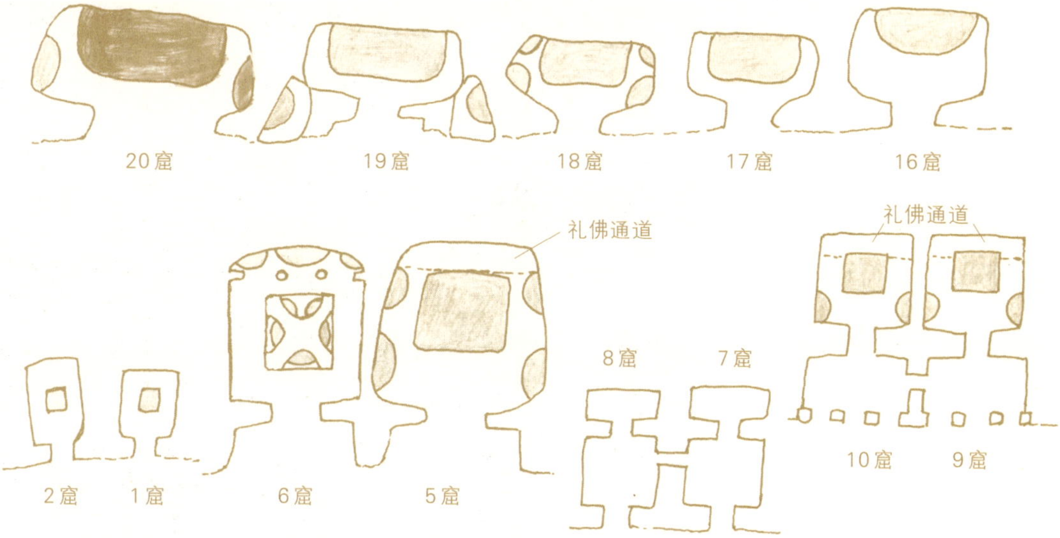

→窟形神像位置示意图。

↑第9窟主室南壁中层拐角处，这一佛龛因为处在壁面的边缘，故形成人物对称，形式不对称，这在云冈石窟比较少见，一般佛龛形式上都是对称的。

↖第6窟之佛龛，近乎于圆雕形式的佛像，神气不凡，龛楣雕刻精美，是上乘之作。

第10窟内室南壁的屋形帷幕佛龛，在第9、10窟中，壁面都是分层布龛，佛龛总体布置的规矩有序，每个佛龛的龛形不同，形式没有重复，有很多这样不同的佛龛，内容都是佛经教义，但佛像都年轻朝气，神像均甜美可爱，整体造型都随建筑结构而雕凿。由于窟中上下布满雕像，而且壁雕颜色上用了大量的中黄、橘黄和朱红等色彩，因此进窟之后，感觉满窟的灿烂，满目的辉煌，让人过眼难忘。

这是一个交脚菩萨像，菩萨弧形长眉，低目前视，就好像注视着你，造像秀丽，气度不凡。

第8窟内室北壁，龛帷幕挽卷，一向后倒梳发型的飞天，趴在帷幕上，转身侧脸向前端望，动态活灵活现，使肃穆的佛堂平添了趣味。

↑第6窟壁面中层以大型佛龛为中心的构图，是装饰艺术语言的经典构图。对称关系的运用，佛龛两侧的五层佛塔是对称的，佛龛上层和两侧是对称的，五层佛塔在画面中起分割和平衡的作用，全窟同层同样的佛塔共10个。

佛像呈正等腰三角形。

佛教俗称“像教”，顾名思义，即通过形象来传播教义，广大信徒在拜佛、礼佛过程中要虔诚仔细的观佛，使人因像而生感，因像而生敬，因像而生信，因像而五体投地，因像而彻底觉悟，皈依佛门。佛教艺术作为一种像教，在很大程度上将自己视为一种“训诫图像”，是一部活的形象化的视觉艺术发展字典。云冈石窟的各种姿态的佛像，施各种手印的佛像，不同面相和不同衣着的佛像，很多在中国视觉艺术史上都是最精彩的。

→第10窟内室景，颜色艳丽，一片朝气，一片灿烂。建筑感强。

↑第9窟后室明窗顶部飞天线描。

←第9窟明窗转折，雕像为建筑而存在，生动优美。

←第10窟明窗侧壁，形式美感极强的造型，在整体构图中动静的对比，方圆的对比，和谐统一恰到好处。

在石窟寺佛教的梦幻空间里，任何一个佛教徒都认为只有在这样的佛国空间中，在佛光照耀下，在天王、力士的护卫下，在佛陀、菩萨的慈祥面容前，在轻烟缭绕、梵音回旋的氛围中，经过常年默念佛号，冥想内观，悉心修炼，才能使自心觉悟的种子萌发、生长，才能与神灵交流，最终修得圆满成佛的正果。中世纪中国的佛教徒认为，石窟寺这个与世隔绝的佛国世界既是静心修炼的圣地，更是与超自然力交流的佳所，因为山石可以附着灵性，水流可以带来真气，古人还认为影响或改变人生命运的，不仅仅是自身的努力和外在环境的影响，而是更有由该环境可能引发的，神秘的超自然力的助推和帮助，由于人们虔诚的相信，因而人们选择风水吉地。通过努力创造极福环境的目的，是祈望能调动某种人们心目中超越自然的力量，并使之服务于自身，降福于自身，云冈石窟的开凿真切的体现这个特点。

云冈石窟是佛教艺术东渐至中国时，开凿的比较早的石窟寺。石窟营造为了达到它的理想目标，建筑空间非常有特点，石窟造像非常有个性，特别是装饰艺术在这里有卓越的表现，它用尽了视觉艺术上的各种手段，创造了很多视觉艺术、装饰艺术美的形式和规律。我们已经知道的是，它使尽了浑身解数，竭尽全能，大量地运用视觉艺术中光学规律方面的一些原理，大胆地应用了幻觉效应和沉思冥想上的放任，通过雕塑和建筑，来创造佛教的唯美图像和极福空间。从以往的资料显示，我们还没有探讨过的是，它也曾大量地、经典地使用视觉艺术中的装饰艺术形式，并以此为手段，探索、制造幻象中的佛教镜窟般的空间，用以实现佛教更好的传播与发展。

→ 第10窟内室景，动感极强的天顶，配上绚丽的四壁，成就了中期石窟的辉煌。

→ 飞天之线描飞天呈倒三角形。

供养天适形于立长方形，第6窟后室中心塔柱下层东侧供养天线描。

↓第7窟天顶飞天线描

←辉煌的第7窟内景及梁思成先生描述的著名『云冈六美人』像，在拱门和明窗之间，开了一个长方形帷幕龛，龛内雕刻了一排半跪的供养天人像，同样在第8窟门拱上方也有一组，为供养人专门开龛造像的情况还是比较特殊的。六个美人的造型整体感很强，端庄文静，面呈笑容，动姿略有不同，是云冈遗存的雕刻珍品之一。

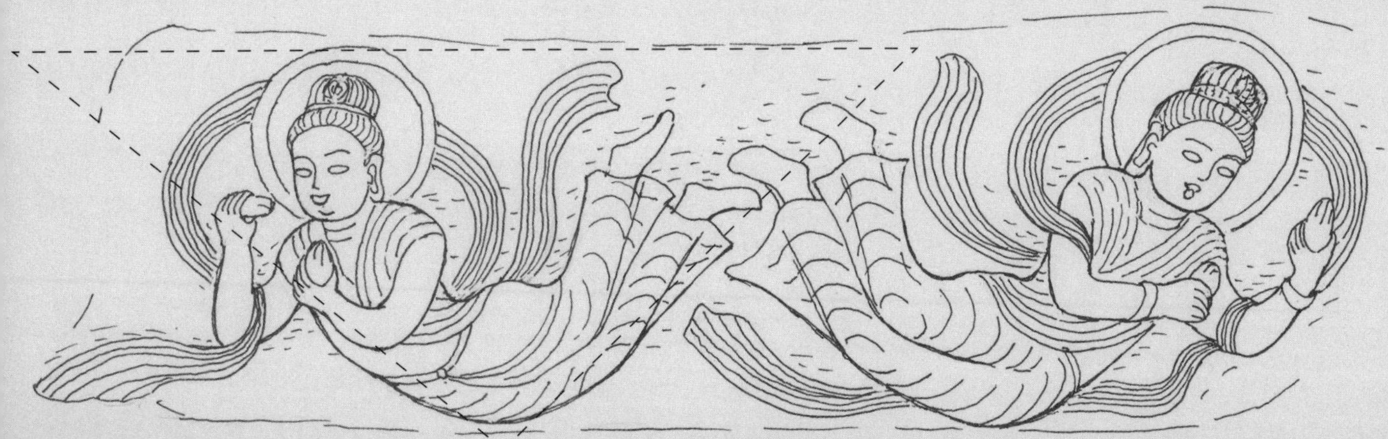

↑ 第10窟明窗过顶，8个飞天围绕中心一朵大莲花飞舞，二重莲花放射状绽开，飞天心身舒展，自由奔放。顶部设计的精美，成就了10窟明窗的华丽，无论从外室，还是内室看，这个过顶都无可挑剔，与内外的雕饰相呼应，使具有建筑功能的明窗精致、独特、漂亮，不同一般，彰显出北魏王朝的雄厚实力。

← 第8窟内室门拱上方六供养天人像，第8窟这组也是极其优美，身体各部都是高浮雕，而头发、服饰、配饰均以阴刻浅浮雕手法表现，第8窟造型更加圆润更加流畅，与第7窟相比两龛造像在细节上手法上各有千秋。

← 第6窟佛龛上的飞天，飞天呈倒三角形，倒三角形的不稳定性充分显示飞天的运动感，构图还显示了随形适形的特性。

云冈石窟雕凿的最大特点是，为了提升佛教的感召力，用洞窟中的山石为材料，使用了非常专业的装饰艺术手段，营造出一种梦幻的佛教艺术镜窟般的殿堂。开凿石窟的北魏高人从一开始就用装饰艺术的原理来指导石窟的规划设计，用几何形式线来控制洞窟的空间、造型的体量以及抽象和具象的变化组合，来完成各种形式的画面和洞窟的结构。用装饰艺术的造型特征，规范了佛陀的形象、菩萨的形象和飞天的形象，用装饰艺术的元素语言，在一个洞窟里“重复”雕凿出十几个相同的立佛，雕凿出四个壁面相互对影的佛龛，如同镜像一样围合，显现出亦梦亦幻，既实又虚的情景，创造出一个神秘梦幻的建筑空间环境，造就了一个佛教感化人的特殊气场。这种全方位大规模地通过雕塑手段，并运用装饰艺术形式，完成一种佛教建筑特殊景观的创造，在石窟寺中绝无仅有。一幅好的装饰艺术的作品容易找到，但用各种装饰艺术元素，规划设计出一座座梦幻空间，云冈石窟堪称一绝。云冈石窟在佛教建筑空间上不是最大的，但在空间的布局上，无论在中国古代还是现代，都是协调的最有创新价值的，最有时代意义的。我们还不得而知，对于云冈石窟大规模的运用装饰艺术美学理论，是北魏时代发明创造的，还是北魏借鉴了前人的经验或西方外来的理论，这也很值得我们今后去探讨。

五 云冈石窟建筑空间里的视觉艺术形式分析

→ 菩萨像线描，正三角、倒三角又正三角形的组合。

五 云冈石窟建筑空间里的视觉艺术形式分析

在视觉艺术领域里建筑设计和艺术创作是同一个道理，建筑的本质是空间，是对空间的艺术化。开凿石窟其实是在特定的空间里，创造出既定的建筑和景观艺术。在现有的一定空间里，或在界定的无限空间下，改变并创造出新的空间视觉形象的艺术，我把它称之为“空间艺术”。建筑本身就是一种空间艺术。云冈石窟虽是佛教石窟寺，但在规划、营造上并未脱离常规的建筑、雕塑、景观设计的原则。设计难点在于，如何能做到巧然地体现主题，并思维超前、立意鲜明，风格独到、丰富多彩又和谐有序，这是对设计者的考验，若在此基础上能达到宏伟大气、富于视觉上的艺术冲击力和震撼力，则可以说是登峰造极之作了。

云冈石窟每个洞窟的建筑空间都是由四个壁面、一个天顶和一个地面组成，早期石窟是穹庐顶，壁面呈现的不规则，中期石窟基本是方形或长方形的空间，四个壁面又都是由几条相同纹样的装饰带分隔而成的。这样小小的石窟有如此巨大的魔力，主要是由于窟内整体规则性秩序性极强的形式美感在起作用。洞窟里由各个壁面、塔柱、天顶等方方面面组成的空间，精心雕凿的各种神像，供养人都严格地遵守着井井有条的秩序，从而造成的一种辉煌之美，感动着所有的造访者，让你在千佛万佛中感觉多而不乱，感觉笨而不呆，感觉力量，感觉美。这就是视觉造型艺术中，规则性和秩序性极强的装饰艺术形式美感的巨大感染力。

我们所说的装饰艺术主要指装饰而言，“装饰”在今天已有越来越多的含义，但主要还是指人类社会通行的美化物体、美化自身的实用艺术，其实装饰的目的就是“引人注目”。云冈石窟的图像采用装饰艺术形式，目的也就是引人入胜让人关注。装饰艺术形式主要有两大特征：一是排列有序的秩序性，二是在限定的形状里塑造形象的适形性，云冈石窟全面地体现了装饰艺术这两大特征。石窟的开凿与发展依时间顺序先后经历了早、中、晚三个时期。早期洞窟主要表现了造像的适形性，中期洞窟是造像和建筑空间的秩序性和适形性的全面体现，晚期石窟则是装饰艺术的高度凝练。我们依发展时期，选定几个石窟来重点分析。

→第17窟西壁，这是一个右胁佛，早期洞窟中的立佛之一，造型是典型云冈立佛的特点，头占身长的四分之一，身体魁硕，几何造型构成的身体丰满，给人壮美之感，虽已风化了很多，但斑驳之中仍可看出目光坚毅高远。

↑第5窟内景，这是云冈的大窟，窟中央有云冈最高的佛像，穹隆顶，窟内布满大小神像，佛龛都随建筑壁面的转折而雕凿，无一露白处，加之大像精美迷人，因此洞窟气势恢宏，佛教气氛浓郁。

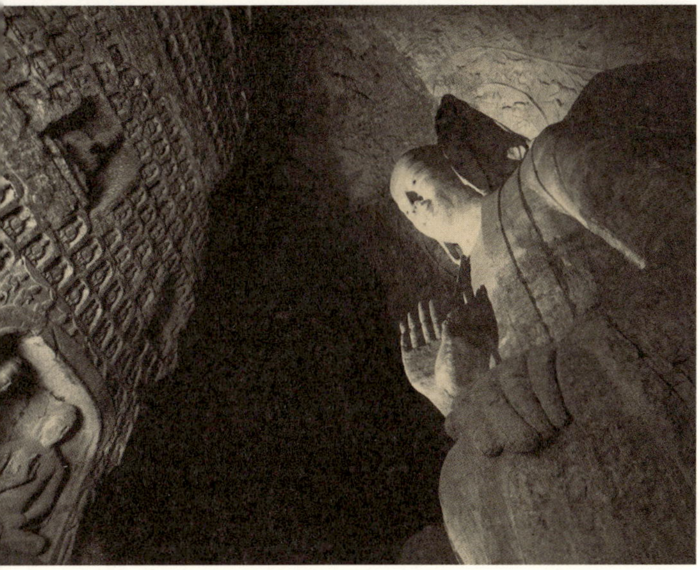

↑第17窟东壁，左胁佛，一个具有装饰艺术特点的云冈佛造像，略呈长方形削角抹圆的头型，梯形的身体和双臂，坚实盘坐的双腿，通身构成一个标准的等腰三角形，稳定不可推翻。人从前面看，佛像一座山，山同佛一体，山就是神，佛就是天。

↑第19窟西耳洞，这是早期石窟中的佛造像之一，洞中面积不大，佛占据主要空间，给人以压倒一切的气势，使人臣服。

（一）早期石窟建筑空间的特点和视觉艺术形式分析

视觉是人类认识世界中最重要的形式，又是人类接收信息量最大的一种知觉功能，更是人类经过大脑和眼睛的审视后，而留下对事物的直观感觉。视觉效果是由看到和想到的两部分共同组成，有时眼睛无法理解的东西，却有感觉产生，感觉能意识到它的存在。视觉艺术是视觉感知中重要的一种，在艺术家极力想表现一种特殊情景的时候，都希望把观众带入视觉以内的大脑这个“想”的特殊领域，视觉同时具有超越肉体深层次的一面，云冈石窟正是充分地利用了人类视觉的这一特点。今天我们看云冈石窟，大多会进入大脑“想”的层次，进而引起感觉，影响人的精神与行动。因此分析视觉艺术价值，是打开云冈石窟深层次学术研究的大门。

云冈昙曜五窟（第16窟～第20窟）是早期的代表，专业上称为穹庐窟，也称大像窟，是云冈开凿最早的石窟，在云冈石窟开凿过程中意义重大，这是佛教传入中华传到大同，能否全面兴盛的一个关键。这五个洞窟设计布局严谨统一，基本是按“礼佛即拜皇帝”的构想建造的。它使佛教传播从此得到皇家支持，得以迅速发扬光大。从现有遗存我们仍可以看出当初设计者的精心策划，他们是要以大像气势宏伟、规模巨大给人以强烈的震撼，来表现‘人神合一’的皇权与神权的不可侵犯，来宣传佛教的万世永存。五个大窟主像姿态各异，有立像、坐像和交脚像，但每个洞窟均为三世佛格局。五个大窟并列于同一水平线上，同时兴工，这在佛教石窟寺的建造史上也非常少见。昙曜五窟的功能主要体现在拜佛上，站在这些窟中，你会感觉顶礼膜拜就够了。洞窟的构建特点主要可以从两个方面来看：一是巨型大像和洞窟建筑空间形成一个统一互补的整体，二是巨形大像及其附属形象，是按照装饰艺术适形特征雕凿的。五个窟平面多为椭圆形，天顶为圆拱形的穹隆顶，穹隆顶很容易让人产生向上的张力感，洞窟建筑空间形式近似于一个很高的椭圆锥形体，形成一个很静穆的空间。空间是无法被触知的，但通过观察我们能够体会到空间，这种观察是在综合视觉、听觉、触觉、嗅觉等各种感觉器官下进行的。中央的巨形大像不是泥塑，而是由洞窟中原地的这块石材一斧斧雕凿出来的，这正是云冈石窟和

↗ 第18窟北壁，这也是昙曜五窟中的五个主佛之一，此照片是从窟东面向西向上拍摄的，像高15.5米，形体高大的主像两侧，还各有一尊胁侍佛，从照片中可以看到主佛之外，窟中已没有更多的空间，穹隆窟顶聚气向上，主佛到窟门的距离很近，佛像虽遭岁月侵蚀，但壮美之态未有多大改变，目光依然炯炯有神，反而是经过风化的衣裙已与山岩融为一体，佛已成山，人站在大像面前是那样渺小，山一样的气势压着你，只能臣服，只能朝拜，这是早期石窟建筑空间的巨大气场。

↗ 第19窟北壁佛像，这是一尊坐佛像，是昙曜五窟中的五个主佛之一，高16.8米，硕大的形体占据了窟中绝大部分空间。此佛造型也是装饰艺术的典型，佛头、佛身明显由几何形体堆砌而成，坚实有力不可摧。佛头对着明窗目光悠远，神情里蕴藏一种坚定，一种超然。可惜的是佛头下颌风化崩毁，虽不影响大局，但对佛的英姿还是有些损伤。

中国其他一些石窟寺的不同之处，全以天然石材雕刻表现，不用塑像和壁画，使得云冈石窟比其他石窟更具有工程性，更具有建筑味道。由于佛像很高大，接近窟顶，有的甚至和窟顶衔接，因此形成是洞窟不可分割的一部分，并且起到了改变洞窟单一空间结构的作用，佛像也成了建筑元素。大像作为实体是占有空间的，也可以理解为大像作为“间”在限定空间，“间”实际是“聚气”使之显形的具体构造，也是空间形态的表现形式，气的聚散显隐，才是空间形态的本质。早期这种洞窟空间结构简约聚气，突出了中间的大像，空间感觉古朴笨拙，既像是受印度佛教石窟寺的影响，又更像是游牧民族牧帐空间痕迹的流露。

西方人在宗教建筑上追求的是高大的“精神空间”，印度人追求的是神秘的“种子空间”，全然不同的是，中国人在建筑上所极力追求与创造的是一种“气空间”，在佛教建筑上更是如此。中国传统理念中，气是构成宇宙万物的根本，是一种生命力的体现，气也是人类一切生命活动和精神活动的能量之源，这股能量可以人的身体为圆心，也可以物为圆心，无时无刻不向周围散发力量，形成一个能量场，这是古老而神秘的气场概念。雕塑形体不是一个简单的物体，特别是昙曜五窟的大像，它巨大的形体首先在环境空间中，界定了自己所占有的位置和外在形象，雕塑特殊的形状和体积，并不是静态地仅仅地到最表层为止，它的体积能动地扩张地存在于洞窟不大的空间中，大像巨大的形体和洞窟周围的环境空间发生了密切关系，雕塑产生的张力向四周辐射，产生的能量场更是巨大的。人的气场可以与人的气场相互影响，人的气场也可以与周围物的气场相互影响，气场无形无影看不见摸不着，但两股气场相互接触时，人们便能感受到对方的气场，云冈石窟很多洞窟都体现出这个特点。

→ 早期洞窟中的倚坐佛，这不是主佛像，但已气势恢宏，从这尊佛像可以更明显看出，造像是由几何形体来堆砌而成，你可以感到雕像是多么稳定，不可动摇，这种大胆的、夸张的造型只有在云冈可以看见。信仰需要对象，膜拜需要形体，面对这山一样的佛像，你能不屈服吗？

→ 第18窟北壁，这是站在窟内西面向东看，硕大身体的几何形式线更清楚，伟岸、感动。

↑ 早期洞窟中的一个胁侍菩萨，像虽笨拙但结实有力，眼睛自信有神直视前方，是早期造像的特点。

昙曜五窟都是以大型佛造像为中心，中央高耸佛陀像，其四周空间环绕，这在一定程度上象征环绕须弥山而立的佛教宇宙模式，在象征意义上讲，一个洞窟就好比一个宇宙，主尊佛像或中心塔柱，都象征着伫立天地之间的宇宙之柱。由于洞窟很高，又营造了一个高耸向上挺拔的空间，使人不得不抬头。空间的本质也是空间力，在空间艺术上，物体的体量和尺度不仅是以人的坐标为准，而更是以人的心理感受为准。空间中主佛造型高大丰满，站在高不可攀的大像前，你会有一种被环绕空间包围的感觉，空间支配和改变着你的心情，唤起心灵的震撼，可谓不可思议的感动，你会感到一种博大、一种威严、一种气势。石雕大像在狭窄的洞窟里，与洞窟空间形成一种互补的整体关系，形成一个整体的空间能量场，加强了对人的震撼。

由于窟内空间的局限性，主佛形体又硕大，从主佛到前壁距离很近，窟底空间狭小，人们进来后只能仰视大佛，因此更增强了一种大佛顶天立地之感。四壁没有空间只有向上才有空间，才有明窗、才有佛、才有光线，大佛让人不得不抬头，建筑空间逼迫你也要抬头，这是空间设计的成功。洞窟和主像相辅相成，互相补充创造者的意图，窟内的气场形成一种很大的势力，抬头仰望你会觉得佛像山一样高不可攀，佛身越高大越使你感到自身的渺小，使你崇拜臣服于他。洞窟前壁拱门上方开了明窗，恰好对着各大像头部的位置。一束光线照进来你可以看清佛的眉眼，肩宽体魄，深目高鼻，大佛结实头型圆中有方，简单明确深入人心的感觉。大佛眼睛的瞳孔在光线下因匠人的巧妙处理，使原本无生命的雕像焕发出生命的迹象，让人久久感动难忘。有天窗的空间结构本身就显示着安静与神圣，石窟的建筑形式帮助营造了氛围，空间也在强化着佛的威力。这种使人精神上感到的压力，可以说是空间力度起了决定性的作用，空间在这里成为了艺术，从物质变成了精神，空间是构成建筑艺术感染力的最主要因素。

在昙曜五窟中可以发现一个特点，各大像造型的形式线明显，也可以称其为结构线，其实也就是几何线。形式线不是我们主观臆造的，而是在许多作品中都直观可见的。在很多自然艺术中形式线都会比较含蓄，而在装饰艺术中形式线都很强烈，都规则有序而且显露。昙曜五窟的造像体积感极强，很多地方的几何形式线很外露，无论是头部还是身体，因此雕像的形式感也极强，而且雕刻的手法粗犷豪放使造像充满活力。北魏艺术家对形的理解极具灵气，他们采用夸张变形的手法把不同的方形、长方形、三角形、圆形组合起来，仔细看大佛，从头到脚都是由这几种几何形体组合堆砌而成，形式线显露，处处充斥着装饰艺术适形造型的特点。

→长方形去角抹圆的佛头。

→坚定有力的佛头。

特别是头部造型，在方形或长方形的形体上，去角抹圆做出头的轮廓，方形结构是最端庄稳定的造型，在它的基础上做佛陀的头像，方圆贴切的结合，让人感觉从里到外的一种力度。大佛面容雕凿的仔细神气，前额宽阔，弯眉细目，口唇紧闭，嘴角向上，微露笑意，神采奕奕，形式线非常清楚。身体基本是长方形及梯形的组合，雄伟挺拔的佛身上大多采用了阴刻的方法表现衣纹，继承了中国古代汉画像石的传统技法，造型简洁的佛身起了衬托佛头的作用。佛身微微前倾形成一条斜线，让人感到亲切，让空间形式也发生微妙的变化。从局部到整体注重造型结构的变化，强调形体关键的转折，棱角分明构成鲜活的形象。通过抽象形体的堆砌与组合，使造型具有很强的建筑感，给人以稳定、力量和气势之美。云冈石窟建筑感强的理由，除了洞窟结构建筑感强，还因为佛造像也有很强的建筑感。在洞窟里你可以感到从简洁规整的大像中升腾流动出一股力量，充满了有形有神的空间气场。这种气势形成的大形、大线、大空间，把庄严神圣、仁爱慈悲的各种不同感情融合在一起，宗教的感动在这里已转化升华为艺术的审美。

→ 第5窟西壁的胁侍佛头像，这是一个脱落了包泥，而重新裸露出来的北魏石雕佛像，眉目之间透露出来的喜悦、坚定、自信是那样光彩照人，造像极其优美，极其辉煌！使人过目难忘。

↑ 第18窟东壁胁侍佛头像，这是云冈阳刚佛像的代表之一，头占身长的四分之一，鼻梁挺拔，双眼炯炯有神，嘴角微微向上，面带笑意，骨子里却透着一种坚毅。云冈大佛像的轮廓线，鼻、嘴、眼都雕凿的非常清楚，面像追求一种潜在的精神和对世间的超脱，这种神采奕奕、飘逸自得形成了中国雕塑艺术理想美的高峰。

五个窟主佛都以其巨大的体量和雄伟的身姿彰显出北魏各代皇帝的无上权威。这些大像神态庄严，祥和而静穆，既有佛陀超然于世的仪态，又透露出世俗君王威严与自信的气魄。大像通过几何形体的堆砌创造出力度和神气，以形造气、以形传神创造了中国雕塑艺术理想美的高峰。大像中以大形贯大气的造型艺术手段，也是云冈石窟佛造像所特有的，强调巨大的人性与佛性相结合的大像，以非凡的气度与气势也创造了超凡脱俗的空间气氛，形成一股阳刚向上的精神气场，形成了一种只可意会不可言传的意境，中国审美讲究的是意境，意境是空间艺术的一种极致。站在洞窟中凝思，你常常会感到一种神秘的力量，激励着希望的意念在身体里上升，这种空间中所缭绕不已的神韵与灵气，这种博大向上的力量，世代冲击着人的灵魂，这就是云冈早期石窟的佛教建筑空间所营造的意境氛围。

→ 第18窟，透过明窗看到的大佛像。

在窟内看大佛高大雄伟不可一世，在窟外看大佛和窟内有很大的不同，空间发生了变化，一切就都改变了，在窟外观瞻礼拜大佛时，由于天窗造就了光线的作用，很多时间看大佛产生模糊的感觉，古人利用人视觉上的错觉，在山前制造出空间幻觉。由于光影的作用，佛的表情都发生了变化，变得温和神秘了，宁静而飘逸，这就是视觉艺术上的“距离产生美”。古代艺术家巧用心思，他想要的就是这种动中有静的效果。既突出佛的高不可攀、神圣不可侵犯的一面，又表现了其神秘仁慈的另一面，让你感动，让你虔诚，以神取胜。窟内和窟外的感觉完全不一样，窟内是威武气派从天而降，窟外是温和神秘仁爱慈祥，对观者而言，由威严到亲和，由服到敬，可以说设计者在洞窟的建筑形式和大佛之间做足了文章。

← 第17窟，从窟外看大佛，佛变得温柔了，神秘了。

五个洞窟建筑形制基本相同，只是第16窟略有差异，这个窟的主佛前，面积已增大，整体建筑空间已适合礼佛。五个洞窟的造像手法也基本一致，只是大像代表的内容略有区别，代表的是北魏不同的帝王。从宏观方面看，洞窟的形制基本一样，在窟内基本都是当今如来居中独尊，两侧是过去、未来二佛对称，每个窟都是向另一个窟重复，所谓重复就是换一个位置再来一次，只是因为窟内造像内容有些变化，重复在这里显得不典型。在云冈石窟的建筑和装饰艺术中到处可以看到重复这种语言，重复是装饰艺术元素的主要语言，重复也是中国建筑中的重要手段，重复就是在强化，雕造者在强化他们所要表现的一切。这一点在中期石窟中表现得更为明显。

↔ 雕满小佛龛的壁面和立柱。

昙曜五窟从东到西长约近百米，窟前地面基本位于一条直线上，窟前视野开阔且平坦。整齐的外壁上原是雕满了成千上万个小佛龛，每个龛内都坐着一个稳定的正三角形的小佛。云冈石窟的佛教信仰，从现在的遗存看，受佛教东渐的影响，与中亚的信仰一致，奉行大乘佛教，信仰弥勒。小乘佛教认为除了释迦牟尼外，众生难以成佛，大乘佛教则认为，一切众生觉悟圆满者，皆可成佛。弥勒形态高大，千佛下世可解救度化众生，佛经里的众生除了人也包括动物。云冈石窟的开凿基本也沿着这个思路，早期昙曜五窟，从窟内的大佛、三佛，到窟外万佛，开凿者立意简单明确，强调对佛的信仰，强调佛的无处不在。根据考古出土的资料推断，1500多年前五个洞窟外面的前壁上是一片金碧辉煌的万佛奇观，千年的风化已让我们看不见昔日的壮观景象。但每天日出日落，斗转星移，窟内和窟外的光影在变化，每年春夏秋冬四季交替，时空在转换，窟内窟外的感觉在变化，设计者的佛教“永存无绝”的思想每时每刻在体现。试想一下，如果你站在一片金碧辉煌的万佛壁前，两边望去不远的间隔透出一个个大佛的头像来，走进窟里又是一尊尊巨像，你会是怎样一种心情，怎样一种感慨？一千多年过去了，石窟风化了，残破了，但骨子里一切依然那么美丽。

云冈石窟装饰艺术的形式美感极强，早期洞窟所有的大像都体现了装饰艺术的适形性，造像与洞窟空间结构形成一个整体，从而创造出一种帝神合一的和谐形象，创造出一种天人合一，超凡脱俗的和谐气空间，造就一个强势阳刚向上的气场。而这种巨形大像和建筑空间所形成的完美整体，是云冈早期石窟所特有的。总之，云冈早期石窟已强烈地表现出建筑空间里的装饰艺术的形式美感，形式美是视觉艺术的关键。

我在这方面有所感觉，得益于我的好友周苹教授。她在30多年前写的《装饰美学》和《装饰画创作与赏识》两本书，至今仍是装饰艺术理论的基础，云冈石窟很多装饰艺术的现象，都能从她的书中找到答案。我在这里运用的装饰艺术定理，很多出自她的理论，她的论点对指导装饰艺术创作和分析有非常重要的意义，多年来我一直赞同和力主她的观点。

纵观云冈石窟的成功，很大程度上取决于昙曜五窟巨佛造型和洞窟建筑空间结构的震撼力，也取决于大像所显露的豪迈精神，以及所形成的震慑人心的气场，以大像的气度、气势所形成的建筑空间气氛，是云冈石窟的精髓。由于有了早期开凿成功的基础，有了早期洞窟的震撼力，才使狂热的北魏国民继续石窟的开凿，国家倾其国力，百姓倾其热情，从此佛教中国化的历程开始了，佛教在中国进入了鼎盛时期，云冈石窟就像是一个宣言。

→第11窟南壁，此窟的大小佛龛纷杂，安排无序，但佛龛的雕凿，依然按照建筑结构的壁面设定。

（二）中期石窟建筑空间的特点和视觉艺术形式分析

云冈中期石窟同早期石窟一样，洞窟内的佛像、佛塔、壁面上的浮雕统统是利用各自洞窟内的石材雕凿出来的，这些雕像本身也就成了洞窟建筑结构的一部分，而且从雕像的摆放位置，可以看出是经过周密设计的，佛像的安排都是很有讲究的。中期各洞窟的平面基本为方形，窟前多有长方形外室，其中部分洞窟有中心塔柱。中心塔柱在洞窟的空间结构上既起到支撑作用，又在洞窟空间礼佛的功能上起到了一个回旋余地的作用，中心塔柱的四个壁面基本都和洞窟的壁面平行。洞窟的门和明窗都开在南壁，洞窟都形成一个长方形或正方形的立体空间，四壁的雕刻均横向一层层排列，这种横向排列都和地平线平行，因此无论洞窟空间大小，都使人感觉简单、稳定。

云冈中期石窟最主要的辉煌，突出表现在建筑空间里利用装饰艺术手段，在视觉感知基础上制造出的神秘幻觉效应，利用视觉技巧创造了一个虚幻的佛国空间，使参拜者进入石窟中，在大量丰富的亦真亦幻的雕塑面前，凝思冥想能达到忘我的程度。随着沉迷于想象，看到的与被看到物体之间的界限消除了，实际的空间消解了，信徒们会身心完全融入这斑斓的雕塑图像世界之中。随后，取而代之的是宇宙无限的虚空，在现

第13窟的南壁，精美的佛龛，左上角门和明窗之间，雕有一组七立佛像。

实空间里到处呈现重复的形象，对称的构图，冥想之中又都呈现为虚无之像，镜子般的对影、梦幻的光影和变化无穷的幻觉造像，修行者自我已然成为这个空间中的一分子，在这种情况下，面对诸神时，修行者会诱发产生想象中升天的幻觉体验。更可贵的是，当信徒面对镜子般的对影，梦幻的光影时，仍在一个佛像相对秩序的空间，由于图像摆放有规则，幻景并不杂乱，幻影也不是在催眠，不是迷惑，而是在讲法理，反复观佛，越虔诚越看到的都是鼓励信徒大彻大悟。这种变幻和秩序在洞窟空间中时时交错，尺度把握得非常好，至今在洞窟中到处仍可以发现其痕迹，这是中期石窟建筑空间追求的最大成功。

中期石窟开凿于北魏的鼎盛时期，主要指第7、8、9、10、11、12、13、1、2、5、6、3窟，此时正是北魏历史上短暂的繁华富足的年代，这时候的北魏皇族具有极强烈的祈福心态。由于有了昙曜五窟开凿经验的积累和探索，云冈中期的工程，无论是规划设计还是雕造技术上，又都有了很大发展与创新，创造出许多充满活力的艺术形式，雕凿出许多佛教的梦幻空间，形成云冈独特的风格。如果说早期昙曜五窟，

→ 第11窟西壁七立佛像，大型的七立佛像在云冈石窟共有两组，第13窟还有一组，两组风格完全不同。此窟是一个大型屋形龛，高2.5米，宽4.7米，龛中的七尊立佛，最北端的两尊已风化，佛像形体高大，身体微微前倾，头部雕凿手法接近圆雕，而裙摆和双脚却紧紧贴在墙壁上是浮雕，头部轮廓的形式线非常清楚，每个身体都呈高腰等腰三角形，造像虽然高大挺拔、气宇轩昂，但仍然坚实稳定，不失风范，此组造像呈现出高瞻远瞩之势。

↙ 第13窟东壁交脚弥勒像，造像丰腴，嘴角上翘面呈微笑，佛龛形式对称，龛楣雕刻精美有序，整体给人一种雍容华贵的典雅之美，这也是中期石窟佛龛的特点。

主要是从装饰艺术适形性的特征上表现了大像窟空间的壮观之美，那中期石窟利用装饰艺术形式作为手段，追求佛教玄妙建筑空间的美感要求就更加全面地显现出来，或者说装饰艺术已成为洞窟建筑空间构成的基础。中期石窟结构上的严紧，构图上的完美，建筑空间上的创新，都更进一步符合了装饰艺术的原则与规范，从装饰艺术的秩序性和适形性的特征上，全面体现了装饰艺术的各项规律，成为中国视觉艺术史上从平面到空间，最为典型的空间艺术巨制。

云冈石窟的装饰艺术形式的运用，不单是几个简单的装饰纹样，而是整体建筑空间里的视觉艺术形式。在这里装饰艺术元素语言运用的非常丰富，对称、重复、特异、渐变等等，这些元素是洞窟进行秩序组合的重要手段。在这里采用装饰艺术手段，也不是为了宣传装饰艺术，而是为了营造一个辉煌梦想的佛教极乐圣土。

→ 第6窟结构图。

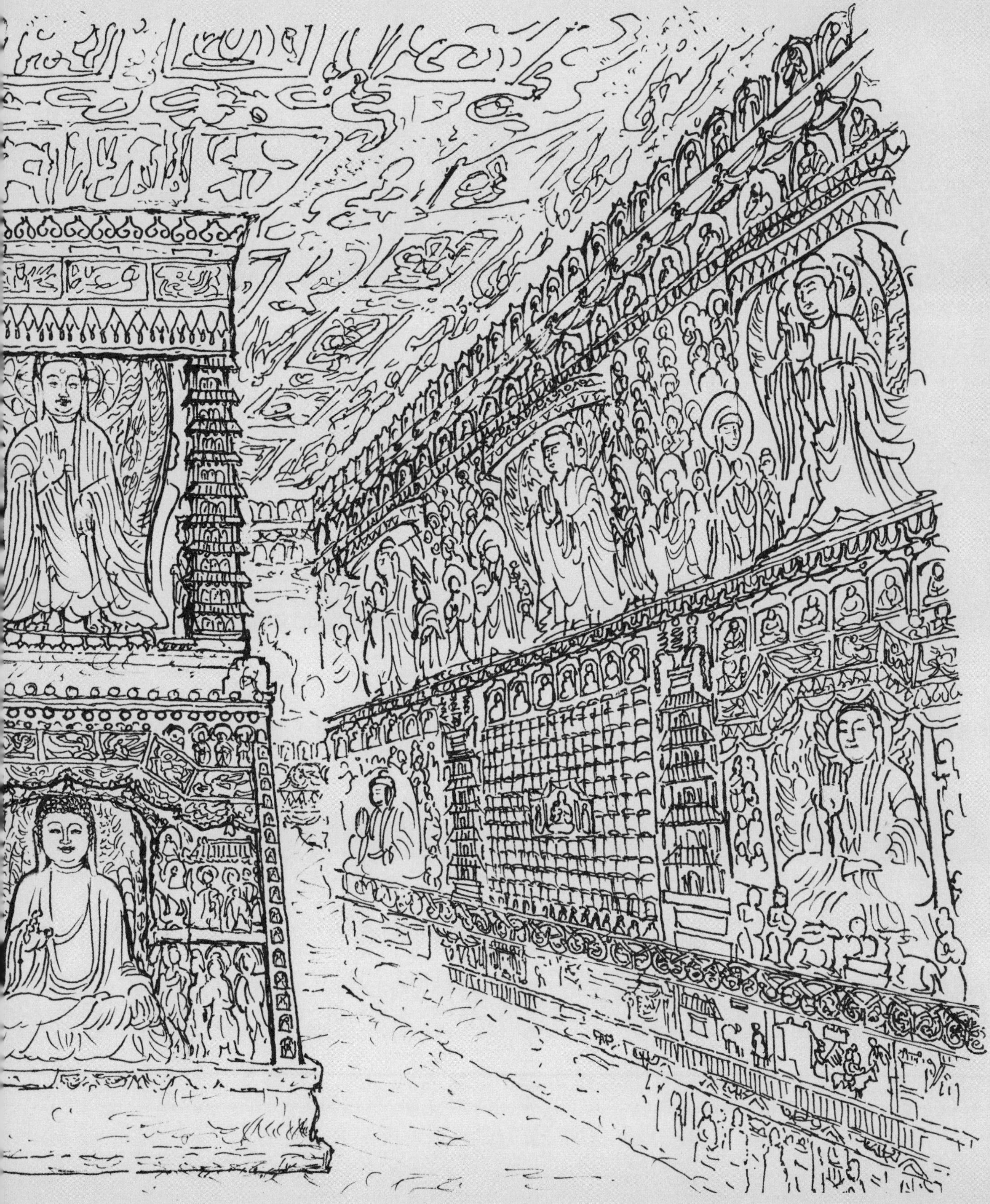

北壁面上层的如来立像

西壁面上层的如来立像

东壁面上层的如来立像

南壁面上层的如来立像

1 利用装饰艺术元素“重复、特异、渐变、对称”等语言在第6窟构建出一个最为经典的佛教镜窟艺术圣殿

第6窟位于云冈中部东侧第二位，洞窟分内外二室。据说是北魏孝文帝为祖母文明太皇太后冯氏祈福修建的，石窟宣传的内容和表现手法的使用相当贴切，是云冈石窟中最典型、最精彩，而且是表现最全面的一个窟，也是中国现存的北魏石窟艺术中的巅峰之作。这是一个在建筑空间里，利用装饰艺术形式创造出来佛教梦幻的极乐世界，也是一个装饰艺术元素非常集中的艺术圣殿。我们主要从建筑空间结构和壁面构图来分析它的形式。从现在的遗存情况看，它的开凿有着高度统一的整体规划设计。下面我们来具体分析说明。

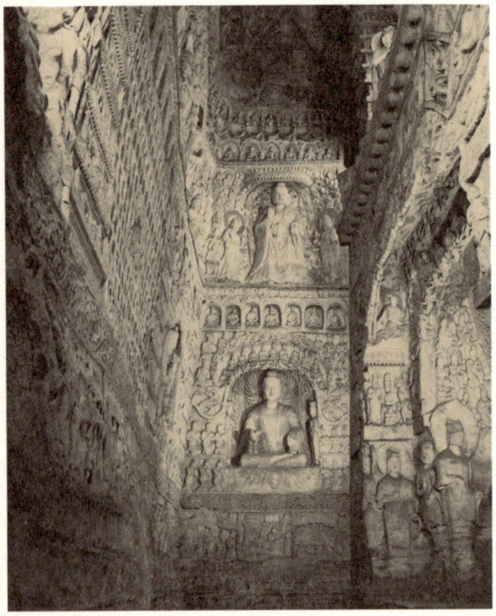

↑第6窟内景，从正面看中心塔柱上部和窟顶交接，塔柱有力地支撑着窟顶。塔柱上层中间是面对东、西、南、北的四尊4.5米高的立佛，每尊立佛又都各自面对洞窟壁面上层，造型相同的如来立佛像，这是一个怎样大胆的设想！这是有意而为的创新雕凿。塔柱四角是大象驮着的九层塔支柱，每个支柱向内各有两尊胁侍菩萨像，塔柱上层整体是帷幕下的一个镂空舞台。遗憾的是我们在下面看不清细节，据资料记录上面的佛像、菩萨像以及附件雕刻都精美之极。

↑第6窟内景，从窟内东北角看石窟，一条条装饰带非常清楚。

第6窟壁面上层11个如来立佛之一。

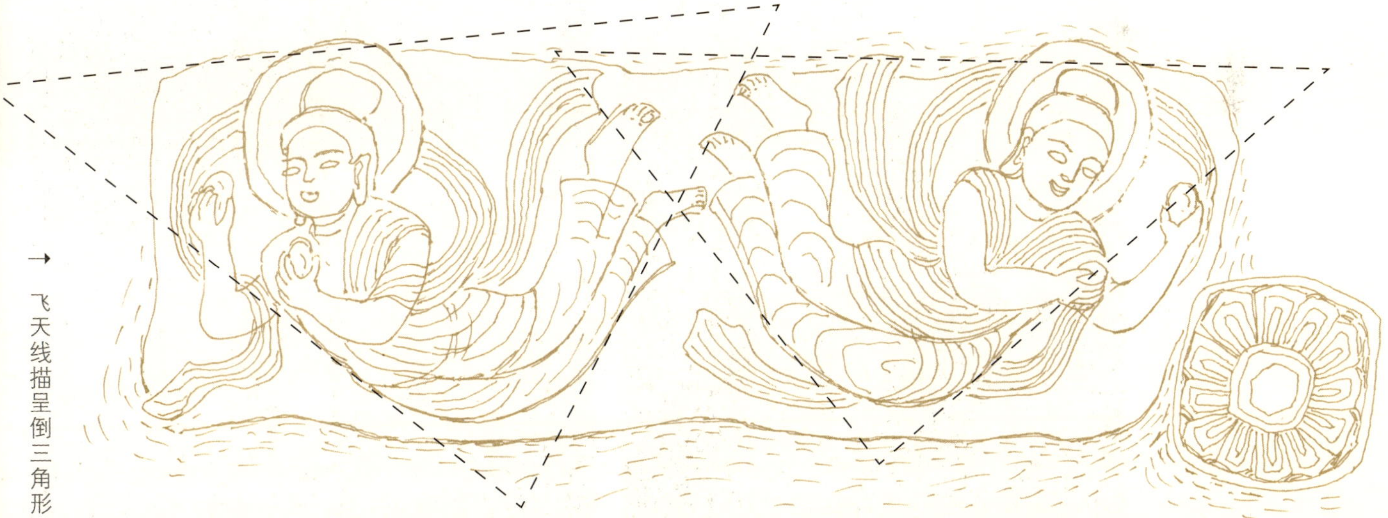

飞天线描呈倒三角形。

第6窟我们以内室为重点来分析，内室是一座平面约为方形的洞窟，中央雕有14米高的直通窟顶的方形中心塔柱，塔柱周围有回旋式的空间，供人们礼佛时围塔绕行，塔柱与窟顶垂直相交，明显地起到了力学的支撑作用。中期石窟建筑空间设计布局基本以“横向分层”为特点，第6窟也不例外，横向分层使每个壁面和整个洞窟空间趋于稳定，装饰艺术制造平衡的最常用的手法就是平视，横向分层便于平视，平视是人类最习惯的眼光，构图造型都平行移动，各部分形象互不遮挡，重要内容的图像放在与人视线相当的位置，需要意向神会的图像就放在视线以上的位置。看似经意与不经意之间，透露出设计者的精心。

↓第6窟中心塔柱上层，九层塔支柱外侧底部驮塔的大象，此设计巧妙地使中心塔柱下层舒适的向外扩充了一步，整体看上部的九层塔是向里收了一步，这样中心塔柱上窄下宽更显美观有力。这样的设计细节，也从一侧面反映了北魏当时的设计水平。

↙第6窟中心塔柱上层，九层塔支柱内侧的胁侍菩萨像。

第6窟中心塔柱的建筑结构和装饰艺术形式都比较明了，中心塔柱分上下两层，横向构图。上层是在一个通覆四面的大华盖下雕刻了四尊四方立佛，四角刻有四头大象，各驮一座九层出檐小塔，每个九层塔内两侧都各有一个胁持菩萨，雕刻精美，和四方立佛形成四个独立的组合。四头大象驮着九层塔形成了四棵立柱，有力的支撑了中心塔柱上层的镂空空间，形成了一个开放的平台，突出了四尊面向四方的如来大像，塔柱上方的华盖与窟顶相连，华盖由长方形的构图和抽象的图案组成一个四方形的围帐，如同一个宽形的小圈梁，紧抵洞窟的天顶，形成有力的支撑，四方形的围帐也如同中心塔柱的顶帽，形式上与塔柱的基座紧紧呼应。

↓第6窟中心塔柱下层西部，多重龛楣下的倚坐佛，龛楣繁杂，但一层层条理清楚，雕功到位，塔柱四面的佛龛，是云冈石窟中表现形式最为复杂的佛龛。塔柱、佛龛建筑感极强。

6窟塔柱南立面

6窟塔柱西立面

→ 第6窟中心塔柱实测四面图示。

6窟塔柱北立面

6窟塔柱东立面

← 第6窟中心塔柱下层东面交脚菩萨。

↙ 第6窟中心塔柱下层南面，佛龛两侧的护法供养天众，塔柱的每壁都有两组，每组两人。尤以进门后，见到南面的这两组最为生动，前面的一人虔诚的动作，渴望的眼神，后面一人叉腰抬手，两个扭动的身体，姿态百媚，尽管经历了岁月的光顾，衣裙包裹着的线条依然优美，很粗犷的砂岩石雕，却能表现出轻纱薄裙，又能十分准确的表达出扭动的神韵，准确的捕捉，一瞬间的神似，真是意境高于形体，精神高于物质，雕刻这组神像的人非一般能工巧匠，此乃高人也！

↘ 第6窟中心塔柱下层的供养天呈长方形。

↓ 第6窟中心塔柱下层的供养天。

中心塔柱的下层，面向四方分成四个独立区，每个区均开龛造像，每个佛龛均是重龛，空间层次分明，最外面一层龛是天幕形龛，龛形是明确的几何形状的小构图随形组成，组成了一个见棱见角的幕帐形式，突出了佛像。最有力度的是，四个边角上的四根小佛龛竖排组成的立柱，如同建筑上的四根钢结构规整有力，和上层的四根小塔立柱对应组合，构成中心塔柱结构的关键。由于上面的九层小塔向里收缩了几分，中心塔柱下大上小更有力度，塔柱的每个造型，每个构图形式感都极强，都严格遵守着塔柱的结构规律，因此中心塔柱显得稳定挺拔。中心塔柱的四面与窟室四壁纵向平行，塔柱的稳定，也决定了洞窟空间的稳定感。自东向西佛龛下分别是坐佛、倚坐佛、两佛并坐、交脚菩萨。

→ 第6窟壁面上部，第二层画面如来立佛像，这也是两壁的拐弯处，衔接自如。

↓ 第6窟壁面最上部的第一层画面，这是一个拐角处，衔接的非常流畅。

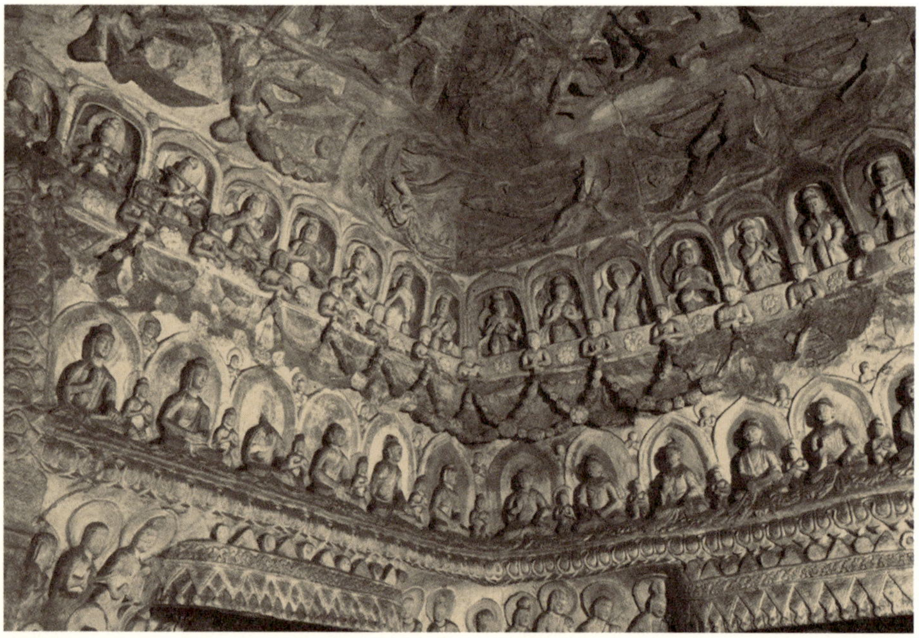

接下去，我们看看貌似眼花缭乱其实规矩有序的四壁。按着礼佛的顺序看，洞窟有南、西、北、东四壁，为了便于分析，根据洞窟实际画面，我们暂且把每个壁面分为四层，每层之间有一条装饰带分隔，共三条装饰带，四层画面。装饰带是连贯的，并且都是植物纹样，上两层是莲瓣纹，下层是忍冬纹。从南壁到西壁，到北壁，到东壁，再回到南壁。在壁面等高的位置上，同一条装饰带在每个窟壁上是等宽的尺寸，而三条装饰带在每个单独的壁面上不是等宽的尺寸，以我们现在视觉目测，大致自下向上越来越窄。我实际测量过第三层忍冬纹装饰带宽约40 ~ 42厘米，上两层莲花装饰带明显小于这个尺寸，还测过最下面瓦拱屋形带加斗拱约宽67厘米，下两层尺寸是符合这个变化的。单看一个壁面，加上近大远小的道理，使壁面越发向上，感觉石窟很高。壁面上的三层植物装饰带都是平行的，我们先以装饰带为主体来讨论。

→ 第6窟壁面装饰分割线，均为植物纹样。

第一条：莲瓣纹。

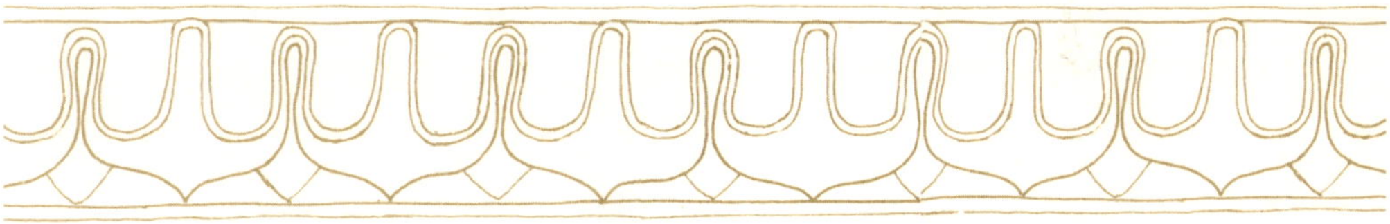

第二条：莲瓣纹，比上一层的略宽，花纹略大。

第三条：也是最下面一层，忍冬纹，也是上下宽度最大的。

这三条植物纹样的装饰带，在洞窟整体空间看，都显得比较单薄，因此每个壁面的上两层装饰带，每层还平行并列着有小佛龛人物纹样的装饰，这些小龛的连续重复也形成一个带状装饰，也就是说小佛龛纹样在这里也变成了装饰带，加固了植物纹样的装饰带，好像建筑上的钢筋骨架一样，把钢筋捆绑在一起，加强了壁面大构图的稳定性，只是小佛龛纹样的装饰带因构图时有断开，因此不能看做是完整的装饰带。

第一层是以连续植物纹样的莲瓣纹装饰带，上面紧贴着并行的尖拱形小坐佛龛，连续也形成装饰带，加强了莲纹装饰带的力度。小佛龛和莲瓣纹也可以看成是一层装饰带，不过在这里莲瓣纹构图紧密明显，小佛龛装饰带更像是莲瓣装饰带的补充和点睛。

第二层植物纹样的莲瓣纹装饰带，是贯通四个壁面，在南壁都没间断的，是第六窟中非常重要的装饰带，这个装饰带位于每个壁面的正中部，是洞窟空间结构的关键，这也看出设计者的精心，这层莲瓣纹比上一层略宽，下面紧贴的一层是小佛龛，它因下面大佛龛的构图而分段，每6 ~ 7个小佛龛由装饰图案隔开，自成一组，东、南、西壁，每个壁面共分3组，南壁两组与窟门对称，各自一组，既和下面的构图形成一个画面，又连贯起来看似装饰带，最关键的是这组小佛龛顶在莲瓣装饰带的下面，严丝合缝紧密坚挺，起到建筑构件的加固作用，设计讲究并巧用心思。

第三层是植物纹样的环形忍冬纹装饰带，它让开北壁贯穿了洞窟的西、东壁，到南壁时在拱门处断开。第6窟的装饰带从上向下越来越宽，以这条装饰线宽度最大，尽管它最宽，在整个洞窟中仍显得单薄，因此有了下面一层带状的佛传故事图案浮雕来加强，带状的浮雕图案下面，还有一层加斗拱的屋形带状图案，几次加强使壁面的稳定感觉更好，对洞窟空间结构起了搭建的作用。总的来说，三层装饰带，在洞窟空间结构上起了一个分割画面内容，稳定空间结构，补充画面内容，加强佛教梦幻艺术空间氛围的作用。

←第6窟壁面上11个如来立佛之一，已风化了的立佛依然笑容可掬。

现在我们说一下主要画面，这是第6窟的主题，也是设计者最想表现的心声。各壁面上的画面可以分成四层，由上至下，首先是伎乐天、花绳童子和小坐佛，第二层是如来立佛，第三层坐佛，第四层是佛传故事及供养人。我们先说第一层，也是最上面的层面，是壁面与窟顶结合的部分，最接近窟顶的一层，这一层是佛经里讲的兜率天的象征，由三排并行的图案组成。第一排是连续的马蹄形的伎乐天小龛，每个同大的小龛里都有一位持有各种乐器的呈正三角形的小伎乐天。西、北、东壁每壁约23个，南壁因有明窗两边各有9个。也可以说同大的伎乐小龛在这里变成了装饰纹样的一部分，也如同一条装饰带。下面第二排手持花绳的童子纹，实际上也可以看成是一条装饰带。这样两组平行并列来做天顶与壁面空间结构上的间隔与转折，是天顶和壁面之间的过渡，这组装饰其微妙在于无论怎么看，既可以说是一条或者两条装饰带，又可以说成是与下面第三排小佛龛一起组成的画面，也能说是一条装饰带由上下三组纹样组成，而且任何一条纹样都可以既当装饰带，又可以当画面。从视觉艺术的角度看小伎乐天人物龛构图紧密稳定，装饰趣味浓，更刺激人的视觉，至于每个小龛内伎乐天动作、乐器有些变化，并不影响大局；每个小龛里的人物基本都呈正等腰三角形，远处看就是一个一个相似的图案连成的圈，它更像建筑屋顶上的大圈梁，构筑了第6窟整体的建筑空间的关键框架。手持花绳童子纹装饰带比伎乐天构图相对放松，一疏一密，一紧一松，带着音乐色彩，两带并行构成了窟顶与壁面的美妙转折。用人物做装饰带，我们见得不多，人们容易不太习惯，但正是这些大构图中的小变化，让我们真切感受到古代艺术家的创新与灵性。花绳童子纹下面是一排工整的小坐佛龛，从壁面构图的疏密关系看，伎乐天、花绳童子纹和小佛龛纹共同组成的宽阔画面，除了空间结构上的填充作用，还使每个壁面大构图上有了疏密的变化，起了天顶与壁面之间转折和衔接的作用，烘托了全窟的佛国气氛，这也是第6窟视觉艺术形式的巧妙布局。

→ 第6窟壁面上部，如来立佛之间的比丘尼像，捧莲而立，眉眼低垂，袈裟飘动，神智专一，透露着对佛的恭谦和对未来修得正果的坚定。

↑ 第6窟壁面上部的如来立佛像，从此照片中可以看出造像的立体设计，立佛的上下各有一条莲花瓣二方连续图案的装饰带，立佛为中心周围簇拥菩萨、比丘尼等众神。以立佛为中心看是一个正等腰三角形构图，以比丘尼为中心看，众神围绕是一个倒立的等腰三角形，比丘尼像站在平台前，众神以目光分向，形成一个个中心，这一组组中心在第6窟壁面上，横向也形成了起伏，创造了6窟壁面上的韵律，有规则、有设计是第6窟成功的基础。

第二层，这是一个井然并列着11尊立于华盖之下的如来立佛的壮观场面，每尊佛像前有两个左右对称的胁侍菩萨像，形成一佛两菩萨的组合。整尊如来佛像呈现标准的高腰正等腰三角形，这种三角形除了稳定，还给人一种崇高感。加上两侧佛臂弯高的菩萨像又加固等腰三角形，使这个组合超常稳定。佛像上下有莲瓣装饰带间隔，横向有众比丘像间隔，比丘尼像在两个菩萨中间，身后有比丘群像呈倒三角形构图，一正一倒，形成一幅幅完整的画面。东、南、西壁，每壁有三个立佛组合，北壁因有明窗只有两个，四壁共有11尊如来立佛，和这11尊如来立佛对应的是中心塔柱上层，四面也有4尊造型基本相同的立佛，也就是说第6窟内同一等高位置的空间，共雕造了15尊立佛。而且壁面的11尊佛像是在相同构图的模式内，并且基本是同形同大的造型风格，雕造手段也完全相同。这些相同的如来像身着汉式服饰，佛相丰满面带微笑，头部圆中带方，有体量感。一般人像造型，头占全身的七分之一，有时为了显示人的高大，头占八分之一的也有，而这里的立佛像，头只占全身的四分之一，头大可以更好的雕刻神像的表情，头大身短使佛像也更稳定，这就是云冈佛像的特点。每个单项组合的稳定，也组成了四个壁面的稳定结构，四个壁面和中心柱四面的稳定，又组成了洞窟空间的稳定。如来立佛面带微笑，阳刚之气通贯全身，好像在诉说。那15尊立佛重复地诉说着什么？不仔细分析，云冈石窟表面上好像是千佛一面形式化，但仔细看不是那么简单，很多人都以为"装饰"必然是变形的，其实并不尽然，装饰性的强弱取决于造型形式线的显露程度，取决于画面秩序性的强弱，这两点才是决定因素。15尊立佛有秩序的排列，从宗教文化的角度考虑，肯定有某种意义，从视觉艺术的角度，也明显地强化了第6窟的某种主旨，或为创造第6窟时所含的某种特有意图。

→第6窟内景，站在窟内西南角看石窟，饱满、丰富、辉煌。

第6窟大同小异的15尊意气风发的如来造像，每尊造像从形体稳定挺拔的结构，到面露自信微笑的表情，都灌注了一种辉煌的生命意识，一种自尊的生命威严，一种博大的生命张力，一种慈悲的生命赞美，令人非常感动。同一形体“重复”出现，重复一次就是重复，那么重复15次呢？这是设计者有目的地，有意识在强化。设计者到底在强化什么呢？我一直在想，设计者在西壁雕凿了三尊立佛，在东壁又雕凿了相同的三尊立佛，我们是否可以试想一下，这是一种视觉技巧，两壁上的雕像类似镜子上的反光，就像是镜子上反射的对影，如同人照镜子，镜子中又出现一个人一样，壁面上的两组立佛一模一样，互相对映，只不过衣服颜色略有些变化，亦真亦幻。北壁上的三个立佛对应南壁上的两个立佛，也是相同的意念，奇巧的是，南壁上开了个明窗，光线进来，更加强了幻影的感觉。我觉得这里所表现的，就是中世纪中国佛教中追求镜窟的情景，中世纪中国佛教有过影窟和镜殿的记载，有过镜殿石窟寺的记载，镜窟并没有明确的定义，但没有这种记载，并不等于当时没有这种追求。现在当你走在云冈的中期石窟中，你仍可以明显地感觉到，石窟设计上处处追求镜像对影的效果，第7、8窟有，第9、10窟也有，特别是第6窟更典型，第6窟实质是在努力创造一个类似镜子对影般的建筑

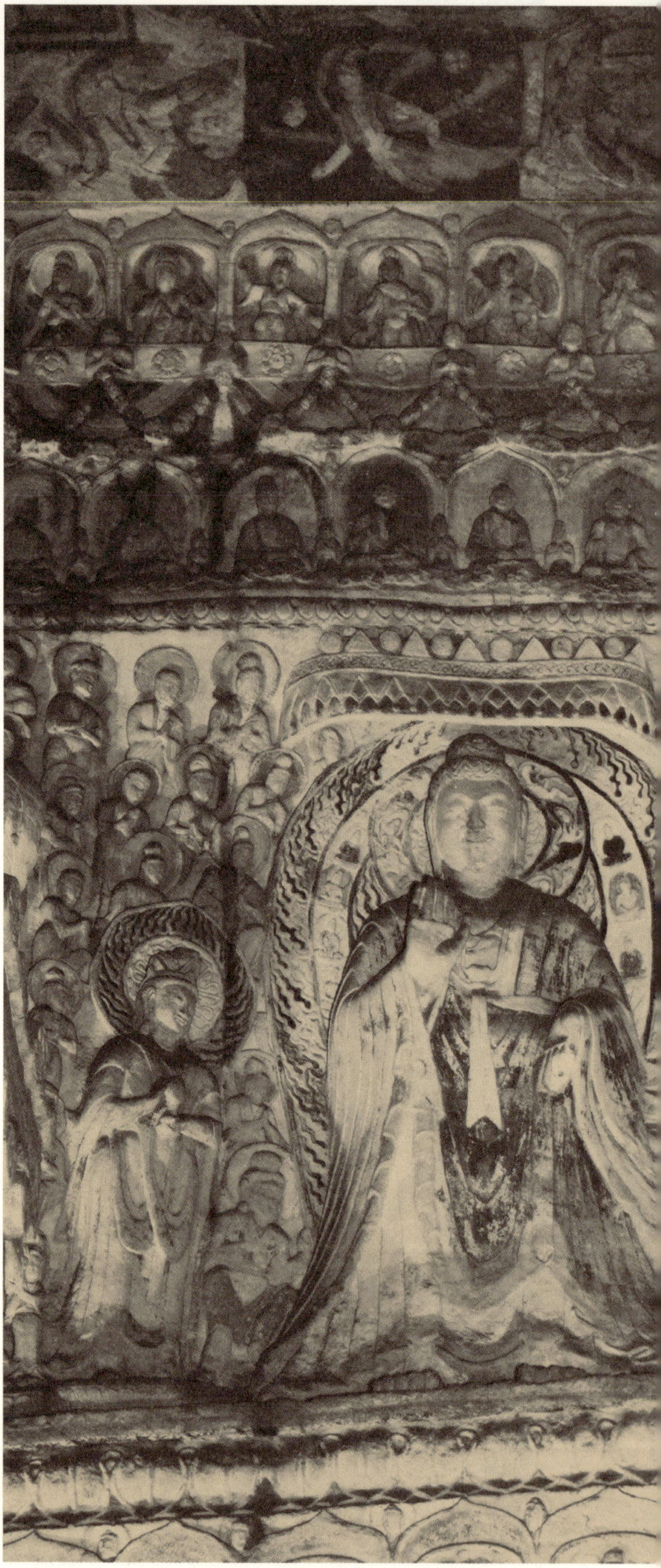

↙第6窟中心塔柱上部，九层塔柱内的菩萨像，面容祥和，笑容含蓄，表现了女性特有的温柔、羞涩与娇媚。这上面共有四组这样的菩萨像，组组精彩。

←第6窟壁面上部，11个如来立佛像之一，从这组局部照片可以清晰体会到立佛的气势，立佛的风采。

艺术空间。更高明之处在于从现场遗存情况来看，塔柱上的四尊如来像比壁面上的立佛略高，塔柱上如来4.5米高，头光三重，壁面上立佛如来3.6米高，头光两重，这里塔柱和壁面的立佛像稍有变化，这样的变化是必须的，从视觉艺术的角度看，塔柱上的如来佛像高些，洞窟空间感觉才能更舒适些，空间显得更高大。而塔柱四壁上镂空平台上的立佛面对窟壁上的立佛，形成了一个更为复杂的立体空间关系，这个空间仍是复杂镜像对影感觉的追求。我想这些情况是设计者有意而为之，没有这个变化，镜像的感觉会略显简单，有了这个变化多了一层丰富，这更像一个多镜面的空间，如来立佛从各个角度都可以看到。立佛都在视线的上方，加之上下的装饰线相同，洞窟光线模糊不明，造就了洞窟空间的幻境和梦境，如果立佛在下两层，视线会被阻挡，这种梦幻的感觉就会减弱或消失。空间的大小，往往也决定人的感受，在这不足两米宽的礼佛通道空间中，人与壁面、人与人之间都拉近了距离，加之，诵经的音乐，香火的光影，都会使人更容易产生幻觉，加快心跳。15尊立佛除了服装上的变化，其余一些小差异和细节，是当时不同水平工匠雕凿上的差异，这均不影响大局，艺术形式上的规则性是显而易见，重复强调的主题是明朗的，极力创造镜子围合空间的意图是明显的。当然关于镜窟的概念，还需要我们进一步考察、探讨和取证，但仅从这一侧面看云冈石窟的空间设计，就让我们感到古代艺术家在创作上是多么胆大，在创新上是多么有气魄。

↑ 第6窟北壁前的立柱，上面整齐雕刻着一排排小佛龛。

重复是装饰艺术形式中组织秩序性的重要手段之一，在重复中寻求有序的变化，是产生节奏感的重要手段，重复在加深造型的印象，也可以用来制造画面和空间的幻觉。重复是装饰艺术元素的基本语言。你仔细看，还会发现围绕15尊如来立佛，还有很多对称、平衡、渐次等装饰艺术形式的其他基本元素。远不止这15尊立佛，你再深入观察还会发现，第6窟里有很多重复、对称、特异、渐次等等装饰艺术的元素，而且很多元素在局部是典型的，在整体里是叠加的、复合的很有深度，其专业的运用水平让人赞叹不已。你还会发现这些装饰艺术元素语言的运用，均是为了创造一个希望能与神灵交流，希望能得到超自然力帮助的梦幻空间。

3，5，4，7，9，15这些数字在中国佛教文化里也是特殊数字，设计者把15尊立佛，每个壁面设计了3个，西、北、东壁共9个，南壁有窟门，一左一右对称是2个，壁面上共是11个立佛，塔柱上是4个，这种设计安排，从内容到祈福，从结构到形式美感都是无可挑剔的。而且每个壁面设计三个立佛也加强了视觉上的稳定性。这些数字是非常有学问的，在东、西方各民族文化中都存在着一些特殊的神圣数字，这些数字中隐蕴着这些民族的空间观念，数字是和空间概念有关系的。人首先意识到"一"的独立存在，"一"被看做了本体，然后人们看到了其他，意识到"二"，认识到"三"，"三"这个数字在各种文化中都是非常重要的，几乎东西方所有的宗教文化中都存在着神圣的三位一体的概念。随着人们进一步深化对空间的认识，在平面的空间图式中，人们看见了"四"，在四个方位之间，又注入了人本体方位 —— 中央，这就是“五”，中央在古代是一个具有生殖意义的方位，所以人们历来认为“五”具有神秘意义。同样，在平面八方位的基础上，加上“中央”就确定了“九”。而在立体的空间图式中，人们从上下与四方组成的六合空间中，再加入人本体方位 —— 中央，最终意识到“七”。因为认识到人的本体存在，中央又具有特殊意义，故“三”、“五”、“七”、“九”都具有神圣和神秘意义。特别是佛教文献中，这些数字更是无处不在，三世佛、四方四神、五层浮图、五方佛、七佛、七宝、九重天、11个立佛等等，数字的确定一开始就与空间方位有关，从佛经上讲这些数字应该和佛教宇宙模式有关，在云冈石窟我感觉数字与空间中，有很多神秘的关联意义，有待于人们今后继续探讨。

→ 第6窟佛传故事浮雕连环画，这是浮雕组成的一条装饰带，构图有的趋近于正方形，有的是横向长方形，设计严谨，一幅接一幅，像一层建筑上的砖。每幅的画面均十分饱满，内容生动。此画面是太子“逾城出家”，画中城门紧闭，太子骑马行空，四天王各捧起一马蹄腾起，后面的天神执华盖随后飞翔，建筑和人物都死死的钉在边框内，人物比景高，这是装饰艺术上平视体构图法。

大立佛下面是一层莲花瓣的装饰带，再下面是若干组近似方形构图的大型独立画面，以第三层的环形忍冬纹装饰带与下面隔开。这一组组独立的画面，既像是镜面对照又不太像，因为在近似镜框的佛龛中，尽管中心都是坐佛，但其造型和反映的内容又不相同，但其造型、大小仍然有很多相似的地方，这一层我们设定为从上至下的第三层画面，画面的上部，是一排坐佛小龛，下面开大型龛，每龛内有一大坐佛，每个佛龛在壁面上所占面积相同，龛眉的形式也基本都是对应着的。顺着礼佛的路线，西壁有三大龛，两边的佛龛已残缺，中间一佛龛保存尚好，是佛祖的降魔图。东壁、南壁也都开有两个大小基本相同的佛龛，佛龛之间是由五层佛塔做间隔，而形成一个个独立的构图。北壁的下层构图与其他壁面不同，北壁下层是一个通长的大舞台，很宽阔有深度，因损毁严重，现在已看不出当时的原貌，只能根据现在的空间推测，当时上面仿佛至少雕造了三尊有一定体量的大佛，但北壁是一个整体，从占壁的面积上看，这也许是当时第6窟雕造主题的点睛！我想当年一定非常精美，真难以言表当初洞窟是何等的辉煌。北壁与两旁的西、东两壁，结构上有很大的不同，形式上有很大的变化，西、东两壁以北壁为中心形成一个对称。

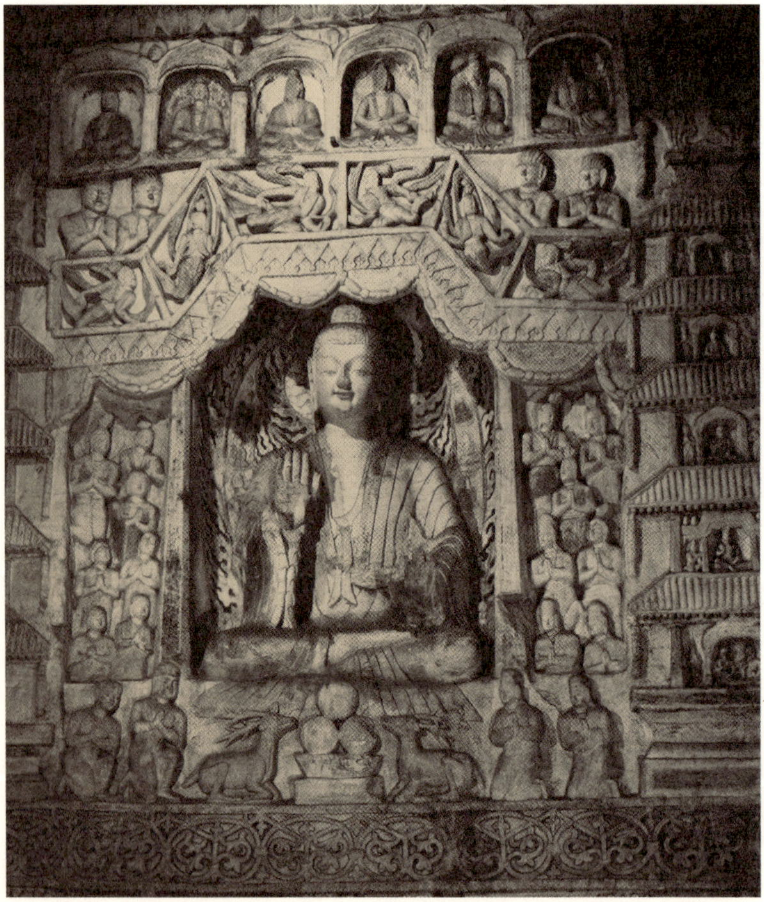

← 第6窟东壁第三层南侧画面，『鹿野苑初转法轮』，这是一个趋近于正方形的构图，佛龛两侧以五层塔为界，与左右分开，画面表现出年轻的佛祖说法时的祥和与宁静，神似已远远高于形似，那种崇高自在的内心世界一展无余，给人感觉阳光灿烂，五蕴皆空，佛陀的精神世界已进入圆觉无碍之境，这也是中期石窟的经典之作。云冈的佛大多年轻且朝气十足，这大概是北魏上升时期的大环境特点吧。

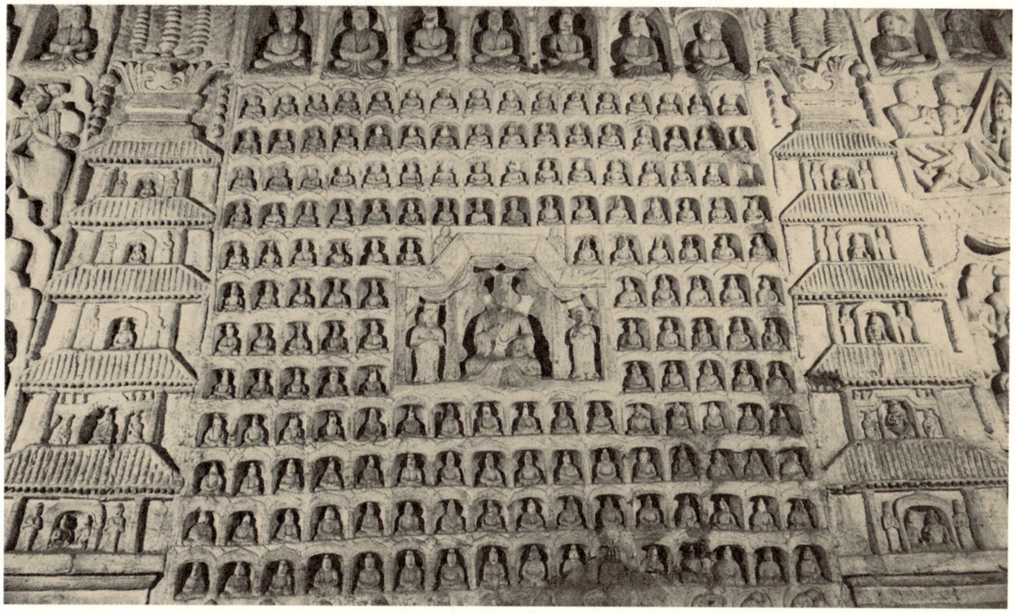

↑第6窟东壁第三层中间，两侧以五层塔与两边佛龛分开，本应是一个佛龛的位置，却密密麻麻排列了无数小佛龛，在这个大壁面中，这就是装饰艺术的“特异”语言，而构图的中心，是一佛两菩萨的帷幕龛，这又是特异语言的运用。突然改变构图模式，引人注意，这样的手法在云冈反复多次出现。

这里要细说东壁，东壁也分为三块，两边是坐佛大龛，北侧是佛祖降服火龙的画面，可惜风化严重，从现场遗存的残留看，雕造精细且有神韵，如保留下来肯定也是精品。南侧是佛祖在鹿野苑初转法轮的情景，这组画面从构图到造型，从雕造到颜色，可说精美之极，特别是表现出佛祖悟道时崇高宁静的面相，说法时庄严、肃穆之仪态，还有嘴角暗含的神秘微笑，都非常感人，所有人物形神兼备，整个佛龛上下喜气洋洋，舒适和谐，成功地打造出佛祖初次说法的阳光气场，让人过目难忘。这是很多人说起来都非常感动的一组佛像。

东壁这层画面的中间是密密麻麻12 × 16个小佛龛组成的规则画面，这些小佛龛排列整齐庄重而且有规律，同两侧大佛龛占壁面积相等，我们暂且称呼为千佛壁。千佛壁中间九分之一的面积上有了变化，中心雕的是梯形和长方形组成的屋形小龛，内坐一佛两菩萨。这种安排属于典型装饰艺术的“特异”语言，特异是规律的突破，是鹤立鸡群，目的是引起人们的注意，消除单调和呆板的构图模式。

第6窟是以大坐佛、大立佛为主的马蹄形构图组成，特别是西壁和东壁，中间部分均以上面三个大立佛，下面三个大坐佛为主对照着。这个几乎正方形的千佛壁画面，一片小佛特别引人注意，使东壁这一层的规律有了变化，这是装饰艺术特异语言的运用，在整个洞窟的空间布局上也体现了特异的特点。向东壁放眼看去，千佛壁中心占九分之一面积的小佛龛，同样也极引人注目，它又是千佛壁布局上的特异语言，也就是说“特异”元素在千佛壁上双重出现，并且运用的恰到好处，这足以说明古代艺术家在装饰艺术语言的运用上是多么精确和伟大。我们在洞窟里到处看到的都是每壁三佛，每佛左右有对称的胁侍菩萨，内容和形式都没有太大变化，千佛壁在这里有点变化，但仍不影响西、东壁对应的空间关系。

第6窟的南壁门楣上是释迦、文殊、维摩的雕像，三人同在一屋形龛内表情生动，也是云冈的上乘之作，颇具形式美感。构图的上下用小佛龛和供养人排列作装饰，补充了长方形构图上下面积，使之趋向方形，既成就了门楣，壁面又做出了变化，与两边的坐佛在面积上形成舒适的对等，在构图上形成均衡的对称。门楣上屋形龛下的三人组合造像，是第6窟构图上的又一巧妙安排，如果说北壁的通面三世佛是个大变化，那么这里就是一个精巧的小变化，但因它在门楣之上，位置特殊且内容丰富雕造精美，故引起后人不断的研究和赞美。

还要说的是，这第三层画面上下，有植物纹样的装饰带，对画面的构图上做了分割，左右也有五层佛塔做间隔，每个五层塔的顶部都有三个塔尖，上四层的小龛里都坐着一个呈正三角形小佛，最底层的小龛里都是两佛并坐。同大同形的五层佛塔，在第6窟的等高位置上共有10个，这反映了装饰艺术上重复的特点，而在每个局部的构图里五层塔又是装饰艺术对称语言的运用，它们也起到了制造镜窟空间氛围的辅助作用。10个五层佛塔和15个如来立佛像的重复使洞窟造像免于散漫凌乱，多了一层秩序性，并围合、制造了一个镜窟空间。

→第6窟内景，从中心塔柱的位置看如来立佛，这更像是一个工程，规整、秩序、美，这是不是让你感慨万分？

→ 第6窟佛传故事浮雕连环画。

↘ 第6窟壁面下部，是整个壁面的第四层画面，这一层分三部分，上面是一幅接一幅的佛传故事浮雕连环画，构图紧凑，中间是人字拱的屋檐，下面是一排排的供养人，供养人的背景里，有的地方还可以看出生活的细节，壁面已风化严重，但画面结构、形式还算清楚。屋檐的顶部约与人高，屋檐几乎绕窟一周，只在几处有忍冬纹隔开，在每个壁面里屋檐就成了区别神界与人界的边线。

画面的第四层在环形忍冬纹装饰线下，是佛传故事和供养人组成的画面，佛传故事以装饰图案的浮雕连环画形式出现，构图饱满，人物安排巧妙之极，堪称精品中之精品。每一幅构图，每一个人物安排的位置都有很大讲究。不管构图如何变化，当你退远和走动起来时，这只是一幅幅相同大小的图画，犹如一块块花雕的方砖镶嵌在壁面上。我们在装饰图案分析时还要谈到它构成。浮雕下面是供养人系列，微妙在于浮雕和供养人之间有一层屋顶做装饰，这层屋顶装饰绵延贯穿窟内三个壁面，屋顶很规整？因为风化残缺的严重，屋顶是否有间断？已很难说。但在第四层这个区间内，屋顶不仅是画面的分界，还是内容的分割，内容上不光是分隔了这一层，而且是分隔了整个壁面，屋顶上是神界，是佛祖、佛传故事的画面，屋檐下是地上人间，供养人顺顺从从生活的画面。佛教文化中的宇宙模式是一个非常繁复的体系，佛教的典籍将世界分为佛国世界和世俗世界，世俗世界按照由下向上的竖直次序，依次上升，分为欲界、色界和无色界，最上面还有一个佛国的兜率天，由欲界至无色界，是一个明确而直接的垂直系列的空间格局，我不知道第6窟的壁面是否是佛经上这层含义的体现，但从宗教意义上讲，佛国天界的画面，肯定还有很多美妙的讲究，这些神秘的含义，我们一时还无法详细知晓，但从中期石窟缤纷的窟顶上可看出一些究竟。从现在遗留的痕迹看，供养人系列走势和造型基本相同，也很精彩，而且两个壁面对应，可惜风化损坏严重，无法仔细分析。由于供养人动势相同，这部分形成是壁面的基础部分，除了壁面之间对应，与中心塔柱的基座部分也形成一种空间基础的相对呼应，给镜窟空间的构成，起到了一个夯实底座的作用。这样镜窟的概念由各壁基本相同的画面和相同的装饰线及相同的基座组成了。

这里我们不禁要说，第6窟是经过缜密设计的大型石窟，它的神像摆放、装饰线安排，除了与佛教典籍内容有密切关联外，在视觉艺术的原理上是无可挑剔的。比如大型佛像的位置都放在视线上方或离视线较远的地方，最佳视线位置安排了内容丰富的佛传故事，供养人的竖式构图与上面的横式构图的佛传故事形成对比，要

→ 第6窟中心塔柱佛龛上的飞天，两个飞天对应很神气。

→ 第6窟中心塔柱西面佛龛上的飞天。此飞天造型不是倒三角形，在云冈石窟里很少见，正因为不是倒三角形，运动模式也发生了变化，她的好像在悠悠的降落中，两眼低垂很是享受，整体造像舒适地放在菱形的边框内，和谐、优美，很有特点的飞天。

告诉你的内容，让你记住的理法都在眼帘，要你冥想的思绪，祈望的希望的都在天上。需要你眼睛看的，需要你心里想的，洞窟空间设计都替你安排的天衣无缝了。

整个洞窟的四壁和天顶，铺天盖地，大大小小雕满了佛像、菩萨、飞天、供养人。如果没有几条跟地平线一样稳定的各种纹样的装饰带，这个窟的结构马上会塌下来，马上就没有了力度和辉煌。装饰带还成了镜像的边框，造就了无数个相同的镜框，给人以幻觉。装饰带越向下宽度越大，稳定性也越好，横向的画面构图，也是越向下越宽，稳定性越好。这几条装饰带是第6窟空间结构的关键之关键。

其实整齐本身也是一种美。第6窟由于壁面的稳定构图，显得建筑空间的感觉也异常稳定，加之局部和整体之间安排有序，大与小、主与次、聚与散、深与浅、疏密得体，静中有动，方中有圆，拙中有巧，空间结构安排的舒适合理，处处彰显出空间艺术的整齐和谐之美，由无数小美，汇聚为第6窟的辉煌大美。

在第6窟里，你不难发现正三角形、倒三角形、圆形、方形、长方形、梯形组成的各种形象，组成的各种结构、各种图案、各种构图。俗话说无规矩不成方圆，三角形、圆形、正方形是塑造天地万物的基本形状，几何形体、几何形式线在第6窟无处不在。也许那个构图里几何的形式线非常明显，也许那个形象中几何的形式线隐藏了，但都不能埋没它的存在，不能埋没它坚挺的力度。第6窟中的各种几何形式线，也是探讨此窟美学价值的重要尺度。

若从大处着眼，第6窟横向看，是一条条各式纹样装饰带的重复，竖着看，装饰带自下向上越来越窄，画面自下向上也越来越窄，这是装饰艺术“渐变”元素的语言。渐变比近似更富有规律，它可以“制造透视，产生空间”。渐变在这里产生了运动，沿着壁面向上看产生了空间，渐深渐远一直通向佛国天堂。窟内运用几何形式线的各种丰富组合，在平面上制造出空间的幻觉，人界、神界，绚丽辉煌。总而言之，第6窟利用装饰艺术手段，利用重复、对称、特异、渐变等装饰艺术元素语言，利用相同或相似的装饰线辅助，成功围合出一个类似镜窟的梦幻佛教艺术圣殿。

中世纪的中国，在佛教传进来以后，无论是石窟寺还是普通寺院，在佛教艺术空间的营造上就探索不断，石窟寺在中国，从公元4世纪开凿一直延续到15世纪。石窟的墙壁和天顶大多都布满了大小雕像和壁画，表面看是地理位置和宗教文化因素推动了这些石窟的开凿，但背后更深层的原因，则是人类那经久不衰的追求信仰和理念的恒心。我们已经知道佛教将自己视为一种“训诫图像”，为了让佛陀更容易被形象化，以供人面对时，容易冥想出神，他们就想方设法在窟寺里制造和获取佛陀如现眼前的视觉效果。在梦幻的视觉效果中，信徒们被引导着专注于他们的思想活动，并试图将自己引入一种通神的境界，从而更好地完成修行的目的。洞窟空间的视觉冲击，促使图像意识强烈的产生，这种意识来自超越了日常经验与时空限制的视觉文化王国。中世纪中国佛教石窟寺，所追求的视觉效果是要高于日常观看的可见之物，追求佛教造像的梦幻视觉，要求石窟寺这个世界到处都是“虚无的形象、镜子的对影、梦幻的光影和变幻无穷的幻觉造像”。公元4至8世纪，中国佛教建筑关于影窟、镜殿的记载不少，在古人眼里，镜子不仅仅是梳妆之物，凸透的镜面还具有魔力，有时能够反射出观者无法见到的景象，镜子的反射并没有被认为是幻想，相反它是更加真实的存在。在中国石窟寺的范围内，现在看，云冈石窟大约是最早的，而且是唯一有这种探索的石窟，这大概也就是云冈石窟大规模运用装饰艺术手段的最终目的，我想也是云冈石窟最有视觉文化价值的意义所在。

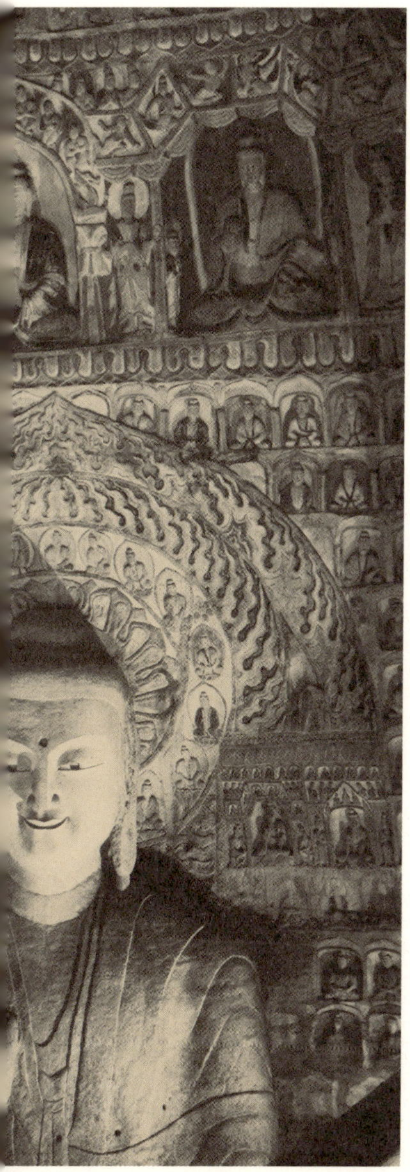

↑ 第11窟中心塔柱下层上部，佛像背光周围的牵花绳童子及供养天众，围绕主题图像安排形式感极强，小小的细节总令人侧目。

← 第5窟西壁的胁侍佛，云冈中期石窟的巅峰之作，面部造型鼻、眼、嘴结构准确，剖立面清楚，可见深受西方艺术之影响。其美丽无以言表，加之背光火焰纹热烈，更显大佛的阳刚自信、凝重深远，从不同的角度看，表情会有微妙的变化，每每看完后，都感觉真是令人难忘的享受！此像外面原有包泥，后脱落才露出真容。

2　利用装饰艺术元素在第9、10窟和第7、8窟构建出梦幻般的佛教建筑艺术空间

中期石窟装饰艺术“对称”元素的运用，表现最精彩的在第9、10窟及第7、8窟。云冈石窟中期有几处成对的双窟，第9、10窟、第7、8窟就是其中。从建筑模式上看，其实这两组双窟也是一个大的组合体，仔细可以看出设计开凿过程中的连续性。这两对双窟均分前后室，左右成双，形成对称，内容互补。大自然中人的器官是对称的，自然界很多动植物的形态也是对称的，人非常习惯于对称所产生的平衡感，所以人也最能接受对称关系。“对称”是装饰艺术元素的典型语言，也是根植于人类天性中的心理平衡要素。这两对双窟在视觉艺术上所表现的对称，不是我们平日所说的，一看就一目了然的简单对称，而是从规划设计和创意初始上，就有目标的宏观对称布局，基于人的本性，你游走在里面会觉得很惬意，看完每对双窟会感觉很多东西似曾相识，仔细琢磨一下，哦！原来对称。这是一个设计布局上的大对称，窟与窟对称，壁与壁对称，从空间结构上就对称，到很多壁面、构图、佛像、窟顶、内容……等等的无数个小对称。超乎寻常的、大量的、集中的运用对称，使它完美地诠释了装饰艺术中对称元素的舒适与美感。通过对称元素的应用，我们也可看到了一个佛教梦幻洞窟的效果，也看到利用对称手段想到达到镜窟般空间的努力，这是这两个对窟的特点。

← 第9、10窟的外景。

先以较为复杂的第9窟与第10窟为例来分析，这对双窟最明显的就是站在窟前就可以看到它对称的特点。这两窟前室南面有四个廊柱，现场看是对称的，在两室中间的位置是一个细长的立柱的，因为风化损坏已变形，现在看来更像一个倒立的高等腰三角形的廊柱，仔细分析仍可以看出当初是规矩的立柱造型，两边各是两个正立的细长的高等腰三角形八角廊柱。以第9窟为一个单体，中心立柱与边墙形成一个门，中间有两个等距离的廊柱对称，以第10窟为一单体也是这样，廊柱与中间的立柱也是对称的，从窟前的广场看，它们就是一个整体的大门，共有5个廊柱把大门黄金分割成六份，形成6个门供人进入，门是对称的，感觉是舒适的，空间是稳定的。由于门高视野宽阔，我们可以看到前室三面的壁雕。当年的廊柱是精心设计的，上面雕满了小佛龛，下面是驮着柱体的狮子。从廊柱高度到雕刻造型，形式美感极强，我想当时这带有希腊造型色彩的美轮美奂廊柱，会引起多少国人的顶礼膜拜啊！对应着廊柱，进入9窟、10窟的后室各自还有一个门和明窗，前室呈横向长方形，两窟的前室后室北壁均是主壁，这两个窟所有的壁面都是横向布局。

两窟前室西、北、东壁有雕塑，前室三个壁面都分三层，三层中间是两层莲瓣纹装饰带隔开。面向北壁看，装饰带一直朝两边方向延伸到西壁与东壁，只在北壁的明窗和拱门处断开，又因为前室的南面没有壁，是廊柱，故装饰带的力度没有第6窟大，但还是起了连接、分割、规整画面的作用。这两窟前、后室，大的形制结构是一样的，圆拱式的明窗，长方形的门，第9窟的门上部虽然外方，内却含小圆拱，但仍不失长方形结构。两窟前室北壁上层明窗两侧，是对称的二佛并坐像，中层拱门的两侧：第9窟是两尊幔帐龛下对称的交脚弥勒像，第10窟是对称的两尊幔帐龛下倚坐佛。两个幔帐龛基本相同，但里面的造像略有不同，两壁佛龛占壁面积基本对应相等，两窟的北壁是个大对称，北壁的左右也都对称。据说第9、10窟的佛像安排，最能体现《法华经》等佛教教义的一些内容，《法华经》是当时佛教传播的主流。最下层画面是佛本生故事浮雕，大约每边三组，再下面风化的已经看不清了。当然两壁也有不同之处，明窗和拱门的装饰画面有些不同，两窟拱门上方横梁都是密集型椭圆环形忍冬纹组成的图案，都在一个同等面积的长方形内，而且中间都间隔雕凿着五个莲花门簪。20世纪30年代梁思成先生拍的照片资料显示，拱门图案方棱见角，极有力度，极具空间感。第9窟的拱门是仿木结构瓦垅屋顶，檐下还有一斗三升人字拱，再下面是牵华绳的飞天，是带有创新性的典型中国传统门楼，和南壁的廊柱形成巧妙的中西建筑对比。第10窟门楣上面的部分较之第9窟有变化，第10窟上面雕刻着须弥山，中间有二龙缠绕，山峦起伏，山中有狼、鹿、鸟动物及树木，下面是童子手持华绳带状装饰图案，两侧雕有阿修罗与鸠魔罗天。这含有西方神仙的门楣和第9窟中式门楣，既是变化也是对比。明窗的顶部都是中央雕一大团莲，四周有八个飞天缭绕，动静结合相得益彰。拱门上构图不同，是两窟前室北壁大对称中的明显变化，但都限定在等大面积的长方形内。

→ 第10窟外室内景东壁，站在室内从西向东看，两室是相通的，两壁背对背，且形式图像对称呼应。

→ 第9窟外室内景西壁，站在室内从东向西看。

第9、10窟前室西壁、东壁上层，都是带有斗拱的屋形龛，下面都有三室，中间坐着一佛，两边坐着或立着两菩萨，下面是莲花装饰带。这四组造像暗含了好几种对称关系。因为画面的人物、背景有些变化，刚一看你会觉得不一样啊，或者差不多啊，但仔细看9窟的西壁和10窟的东壁是对称的，9窟的东壁和10窟的西壁是对称的，9窟自身两组画面是对称的，10窟自身两组画面也是对称的。这四组画面在大的布局构图上非常明确，意图就是奔着对称而来，但对称之中做了很多小的变化让你迷惑不解，需要认真对着看，你会觉得很有意思，其实这是典型的梦幻追求。这种对称关系在这里多得数不清，再如第9窟西壁和东壁的中层，两个莲花装饰带之间，是两个佛龛内有两个坐佛。第10窟西壁和东壁中层，也是两个佛龛，但北侧是立佛，南侧是坐佛。这四组画面也有对称关系，每窟两组各自是对称的，两窟西壁和东壁南侧都是对称的，北侧有变化，这也是一组大概念下有小变化的对称关系，这是大对称中的小对称。两窟的西壁和东壁也有相互交叉对称的元素语言。北壁佛龛下面是绕室三个壁面的浮雕，雕刻的是佛本生的故事，它紧紧依附在莲花装饰带下，起到了加固装饰带的作用。两窟前室的造像基本都在限定的方形或者长方形的构图内，这些整齐的构图搭建了洞窟装饰艺术形式的空间体系，非常迷惑人。

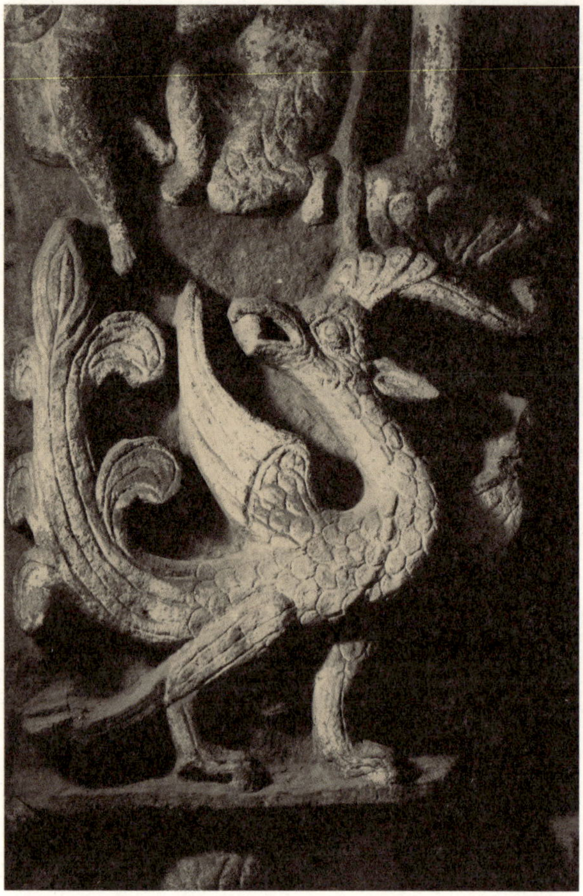

←云冈石窟中期关于神鸟、神兽的造像很多，这大概和弥勒信仰有关，弥勒信仰千佛下身，解救度化众生，而佛教的众生不单指人还有动物，他们认为动物的前身，也有可能是人，因此动物在这里刻画的颇下功夫，设计精美，雕凿精道。

两窟后室的图像也有对称，后室的北壁都是雕凿着一佛和两胁侍的大像，南壁都是整面的佛经故事，明窗和门两侧构图也对称，西壁和东壁也都是对称的。两窟佛像的摆设和位置都是有很大讲究，据了解，宗教内容上的布局和图像上的对称，也有很大的关联性。

两窟的一切布局，都是有目的性的设计，由于人体是对称的，所以对称关系的大量运用，并不令人反感，反而使人在其中无论怎么看，都会觉得环境舒适。壁面处处相似，只要人在里面走，就会觉得幻影不断，其实很多对称就是一种镜像对影感觉的追求。今天我们站在石窟里，感觉肯定差了很多，这两个窟前室的南面没有壁面，空间围合的不明显，后室北壁风化严重，已经看不清图像，整个洞窟下半部的壁面全部风化掉了，颜色也大大的减弱了，而且最主要的是因为廊柱的风化、变细，前室的光线大大加强了，这就弱化了梦幻的效果。但从里到外走几圈，给人造成的幻觉仍然是存在的。试想一下当初，窟内雕像清晰、颜色艳丽，烛光朦胧、香火缭绕，当时的梦幻感觉肯定强烈，所以必须承认利用装饰艺术对称关系的视觉技巧，创造佛教梦幻空间是这两个窟不变的主旨。

如果说在云冈石窟早期的洞窟中，装饰艺术语言运用的还不够典型不够集中，那么到中期的石窟，各种元素语言就运用的非常自如、非常系统、非常有想法，并运用到极致，运用到随心所欲，各种装饰元素的组合不但有规则，叠加的也已经非常复杂了。对称在建筑上也被广泛运用，对称手段非常容易使建筑各方受力均衡，看起来更加赏心悦目。第9、10窟由于对称关系使用的多，所以轻而易举造就了洞窟建筑空间的稳定性、舒适性。面对满天满壁的佛祖、菩萨、飞天的浪漫雕像，美妙对称的构图，梦境似的镜像感应，佛国仙境的盛况，满窟气势恢宏的艺术气氛，极容易感染你，仔细分析其中的规律，令人赞叹不已，这真是人间、空间装饰艺术的巅峰之作了。

↙第10窟内室景，这个窟里有各式各样的佛龛，据说都是『法华经』的内容，丰富多彩。神像看似雷同，但形式、构图都是随建筑壁面的结构而安排，整窟排列整齐，构图紧凑，造像丰满，无一留白之处。

← 第10窟内室东壁，这是一组不太对称的佛龛，这样形式的佛龛大多在第9、10窟。

第7窟和第8窟也是同样的道理，它们也是一对双窟。内室两侧东、西壁均是横向分了四层，每层有两个等大的佛龛，内有一坐佛，这也是一种镜像的呼应，两窟北壁都分上下两层，下层是两佛对坐，上层是大龛五佛，第7窟中间是交脚菩萨，两边是胁侍佛，再两边是半跏菩萨，而第8窟稍有变化，大龛中间是坐佛，两边是交脚菩萨，再两边是半跏菩萨。这种大空间的对称关系也是一种镜影感觉的追求。

从现在遗存看，几个洞窟的装饰艺术形式是有目的性的，都有对镜窟空间的追求，特别是两个对窟前室“对称”关系的全面运用，也同第6窟“重复”关系的强调运用一样，它在寻求一种空间中，各壁面相似或反光的效果。但因两个对窟的前室南壁是半敞开的，所以围合的空间和第6窟相比，不是很明显，但为了制造幻境，设计师用尽了视觉艺术手段，探索镜影的倾向是明朗的。第9、10窟和第7、8窟开凿时间早于第6窟，这种镜窟空间的探索刚刚开始，正是有了这种探索，才促成了中期的石窟，装饰艺术形式向更高层次发展，到第6窟时的建筑空间更加封闭严谨，佛教极福空间的世界表现更加完美，镜影的追求布满全窟，镜窟空间的氛围已全面形成，洞窟建筑空间的形式非常适合观佛、拜佛和礼佛，应该说第6窟是北魏时期非常经典的石窟寺。有人说中期洞窟比早期洞窟更注重了装饰艺术风格，我认为这不是简单的风格问题，而是中期利用装饰艺术形式概念，已经深入到北魏艺术家的骨子里面去了，从刻骨铭心到精辟成熟，并且已经掌握装饰艺术美学原理，能熟练的为更高思想境界的理念服务。

中期石窟绚丽辉煌的感觉，还有一部分是因为色彩对人视觉的刺激。其实色彩本身并无装饰和非装饰之分，决定因素还是要取决于造型的结构和造型秩序性的强弱。色彩所依附的造型，规则秩序性越强，色彩装饰感越强；颜色纯度越大，色彩装饰感也越强，否则反之。云冈石窟的颜色，我们现在很难确定是那个朝代附着的颜色，北魏的？辽代的？还是明、清的？在这里我们分析颜色，因为不是考古，那个朝代的暂且并不重要，我们只分析现在看到的颜色，它呈现的基本是装饰艺术色彩。色彩也同线条、形状、构图一样是有感情和知觉规律的，中国建筑物的色彩大多决定于“象征主义”的观念，如蓝色象征安静舒展，绿色象征平和安全，红色热烈激情，橙色饱满，紫色高贵神秘，黄色庄重，白色纯洁，黑色肃穆。我们看到中期石窟采用的颜色，红色，橘黄色、黄色，白色，蓝色就比较多，使用的颜色纯度大，对比强烈，装饰意识明朗。从古至今人们一直相信，按象征主义原理使用颜色，可能会带来人们想象中所希望的效果。但在北魏那个时代还隐约存在着颜色的“风水”之说，“五行”中各有代表性的颜色，金为白、木为青、水为黑、火为红、土为黄，土是中心，黄象征权利，有时候中国建筑物上一些用色含义，只能根据五行之说才能得到确切解释。当然中国古代颜色的使用，还有一方面是依据礼制或官方门第等级的规定。我们现在看到石窟里的一些造像，并不符合象征主义颜色要表现的内容，但是不是风化变色的结果？是不是符合风水之说，还是就符合装饰艺术规律，这一时也难确定，因为没有依据，没

→第12窟外室窟顶，这是一个平基藻井式的窟顶，飞天与莲花交相辉映，建筑结构设计的很大胆巧妙，高浮雕和浅浮雕相结合，立体感很强。第12窟俗称“音乐窟”，高浮雕的伎乐天，都手捧各种乐器。大约窟顶有损坏，后世有修补改造，造像和色彩都增加了俗气和滥造，表面已失去北魏的风采。

有更深入的研讨。石窟里遗留了些清代的黑色，很是恶心，据说是白颜色风化演变的结果，它现在确实大大影响了石窟的视觉艺术质量，非常痛心非常遗憾，所以历史的东西并非全是好的。但有几处脱落泥巴裸露出来的石雕像，虽经千年风化，色彩还是那样灿烂辉煌，如第5窟后室西侧立佛，第5窟楼阁上层东侧龛内坐佛，褪泥之后仍旧迷人的色彩衬托着精美的造像，依然能达到令人窒息的感动。

北魏在中国历史上是一个重大变化的时期，这是先秦之后中国第二次社会形态的变革，它是一个思想非常活跃、人性觉醒、玄学发展的时代，哲学和艺术都达到了很深很高的境界，出现佛教视觉艺术的巅峰绝不是偶然的，第6窟的辉煌，第9、10窟和第7、8窟的唯美，正是这种大氛围下的产物，它表现了中国石窟寺，利用装饰艺术形式追求佛教镜窟建筑空间的探索，是中国佛教石窟寺的巅峰巨制。

← 第5窟阁楼上的佛像，此像身体前倾，面部阴阳两刻相结合，刀法刚柔兼并，鼻直目垂，微显笑意，鼻、眼、嘴精雕细刻，除五官之外刀工渐渐放松，造像表现出一种高贵优雅的神气。这是云冈石窟雕刻艺术的代表作，这是中国雕塑艺术的理想美。

3　云冈石窟装饰图案的分析

云冈石窟装饰艺术的另一大表现形式，就是云冈石窟各个时期的洞窟天顶、佛传故事浮雕、佛本生故事浮雕、各种纹样的装饰带等都有一个明显的特征，就是以装饰艺术形式中最典型的图案形式出现。云冈石窟佛造像艺术是中古佛教艺术的一大时代特征，而其装饰艺术图案，则也是空前的大发展。云冈大量的动植物纹样，特别是各类花草纹样的集中出现，极大地丰富了中华装饰图案艺术，对后代产生了巨大的影响。

图案是美化生活最广泛、最容易被接受的一种视觉美术形式，图案也是装饰艺术形式里美感最强烈的，由于它结构清楚，边缘明确，在空间艺术中也最有力度，实用性极强。图案也分具象形态和抽象形态，云冈石窟出现的很多图案有具象的也有抽象的，它们大多不是自然形态的写照，而是自然形态的变形，而且是随着洞窟的建筑结构而变化，围绕镜窟的空间而变形，是北魏艺术家情感意念的传达。中期石窟的装饰图案在洞窟的建筑空间构成上起到了局部构件的作用，它填补、组合、协调了各个壁面的稳定性，它对洞窟所建立的佛教梦幻空间体系起了至关重要的作用。

↑上图为第7窟主室窟顶，这是一个平綦藻井窟顶的局部，八个成双成对的飞天，围绕着一朵莲花飞翔，飞天犹如人间少女，圆润娇涩，灵动的飞舞构成了一个飞翔的梦境。

↑下图为第8窟主室窟顶，第7、8窟基本是相近的建筑格局，窟顶也是六格的平綦藻井顶，飞天极其可爱，很像西方教堂的小天使，舞姿飘逸绽放，满窟空灵。

（1）装饰图案在天顶上的表现

北魏艺术家在开凿石窟时，充分地利用了天顶，云冈石窟的每一个天顶都是精心设计的，基本是一个天顶一个图案，或是一个天顶几个图案随形组成。天顶在这里是中国装饰图案与中国文化一起融入佛教建筑中的中国式表现。天顶的装饰图案设计与整体洞窟形制和功能融为了一体，成为开凿石窟整体设计思想的重要组成部分。天顶的创作采用了多种艺术手段，深浮雕，浅浮雕与绘画，采用了多种装饰图案的艺术形式，单独式、连续式、格律体式等。古人用各种手段施展特长，充分发挥想象力，利用石窟的高度，远离人们视线的错觉，把一个人世间的石窟空间，创造成一个非人间的佛国天堂，营造出美丽佛国梦幻神秘的气氛。

关于洞窟天顶的图案分析，可以有两种视角，一是从建筑艺术的角度，立体分析天顶图案的构成，按中国古建筑术语来称谓，天顶可分为平綦、平綦藻井等形式。再一种就是以平面视觉艺术的角度，从装饰艺术范畴、装饰图案的角度来称谓，两者概念一样并无矛盾，而从装饰艺术角度就更加注重图案构图的形式美感，更加注重图案在构建空间形态中所起的艺术作用，也和我们前面做过的装饰艺术分析相统一协调。

→第11－16窟的天顶，这是一个九格的平綦顶，飞天裙尾裹足如翼，这也是有特点的云冈飞天形象之一，中心格里二龙缠绕，四角中四朵莲花丰厚饱满，四个飞天飞舞在其中，整个图案和谐统一，整体感、形式感极强。

云冈石窟天顶部分的图案，以晚期洞窟最为简单明了并高度概括，晚期洞窟规模都比较小，一个洞窟的天顶基本就是一个图案。比如第22、27窟，天顶的形状基本都是方形的，天顶图案都是单独式均齐结构，图案有一个中心点，中心是莲花图样，四角或四边对等有飞天造型，飞天主要动势结构相同，局部雕造上稍有差异，但大效果对称均衡。人从下面抬头看，天顶舒适平稳，且飞天都安排在倒三角形的几何形式线内，又加强了运动感。第22窟是在四边等腰梯形中一分为二，安排了两组飞天，飞天的造型基本对称，两组图案均有严格的理性秩序，庄重大方，给人以稳重的感觉，而呈倒三角形的飞天，又给人以活泼运动的感觉，所以整个天顶构图既庄重又不呆板，静中有动，方中有圆。第24、25、26窟基本是格律体构成的图案。格律体是利用骨骼式的几何分割线作为构图基础的图案，通过经纬线、对角线、同心圆等组合把画面分成四方八位，常用的形式有九宫格、米字格分割，我国铜镜、地毯、敦煌石窟藻井上大多都用此构图形式。第24窟天顶就呈九宫格构图，中间是莲花图样，周围八个格子里是飞天飘绕，每边正中的飞天共四个是对称的，四角的飞天动作好像是围圈追逐着，可惜风化残留的不清楚，原来的内容可能很有趣味性。两组天顶图案对称、均齐、舒展，天顶图案的构成明确随形。云冈洞窟的天顶不管是什么形式的图案，都是洞窟空间的一个封堵，和洞窟空间内的装饰艺术风格相吻合，成了每个洞窟佛教梦幻空间不可分割的一部分。

中期石窟天顶面积大，不少天顶都是由多个或是多组图案组合而成，构成较为复杂，但无论怎么复杂，都没脱离洞窟整体空间必须协调统一的原则。以第6窟为例，天顶图案就是围绕中心塔柱随形设计的，由两排方形或梯形的无数个小图案组成，主要的造型都放在边线明确的几何图形内，这些几何形状的小图案，围绕中心柱的顺序排列着，因此天顶有了秩序性。尽管小构图外又雕凿了很多飞天，但大的秩序性不乱，运动感也很强，天顶和壁面还形成了呼应。由于窟顶很高，当年的雕凿比起壁面也略显粗糙，加之多年的风化有些图像已看不太清，但总体感觉仍是加强了镜窟的梦幻性，增强了佛教建筑空间极乐福境的效果。

→ 第24窟天顶，格律体构成的图案，九宫格构图，中间是莲花图样，周围八个格子是飞天飘绕，利用骨骼式的几何分割线作为构图基础的图案。

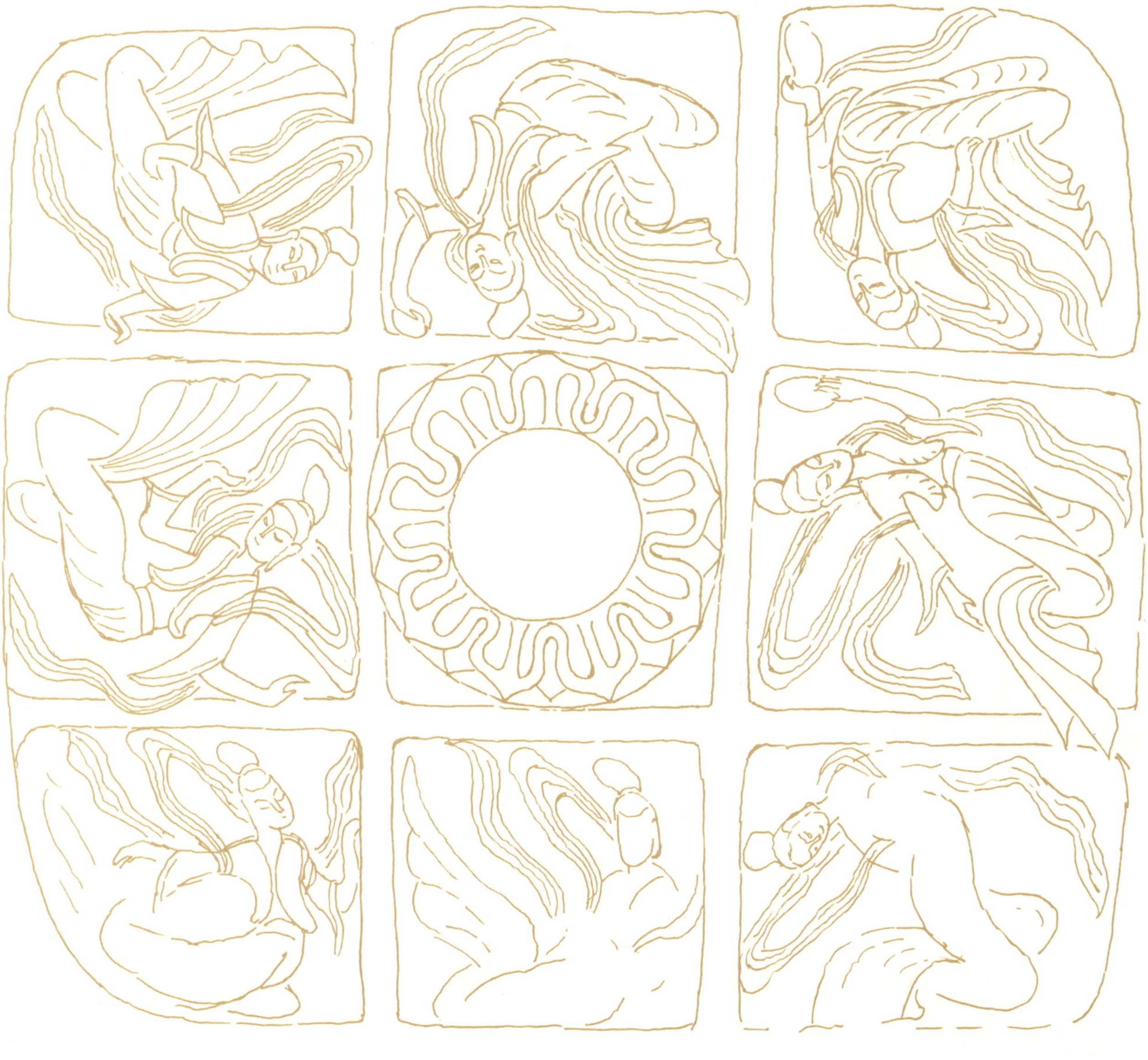

在这里我们顺便说一下飞天，飞天大多在天顶上或靠近天顶的部位，云冈的飞天在不同的时期也有不同的特征。早期的飞天有些青涩，动作虽然优美，但有的表情略显呆板。中期飞天多以孩童、少女形象为主，动作活泼灵动，形象极其可爱。特别是第7、8窟天顶的飞天最为精彩，这些小飞天个个形体圆润，形态执著，犹如西方教堂天顶上的小天使。中期飞天个性明显，自成一体，在中国其他石窟中都没有见过，是典型的云冈特征。晚期的飞天动作更为流畅，人物形象成年化，飞天从少女变成为女人，并且更具汉风了，有些洞窟如第15窟，造型提炼的如同剪影，优美也更抽象了。

（2）装饰图案在浮雕上的表现

云冈中期石窟成规模的有三组浮雕，第6窟主要是表现佛传故事的浮雕，第9、10窟表现的是佛本生故事浮雕，以及第1、2窟的佛传故事浮雕，第1、2窟风化严重，浮雕所剩无几，仅存几幅，但雕刻水平极高。说到云冈石窟的浮雕，故事内容一直是人们津津乐道的，但它们的平面构图和空间结构上的作用却往往被忽视了。连环画浮雕是信徒观佛的重要内容，在石窟壁面的中部位置偏下，与人的视线等高，浮雕面积不大但却放了丰富的内容，加之雕刻仔细，结构安排合理，明显感觉在弘扬佛法上的重要性。它既遵循着装饰图案形式美感的规律，又宣传了佛祖的伟大，并使壁面上的构图有松有紧协调统一，在洞窟构建上起到了一个加强壁面力度的作用，在镜窟空间的构建上起了辅助作用。

浮雕的构图基本是由装饰图案的平视体构成和立视体构成组成，平视体构成顾名思义就是对所描绘的画面一律平视，视线总与所描绘的物象的各个部位垂直，不画物体的顶部和侧面，这种透视方法使形象不重叠。立视体构图是从平视体演化而来的，画面可无限向高处延长，也可以无限向宽处伸展，不受任何空间和时间条件的局限，这是我国图案的一种具有浪漫主义色彩的构图方法。这种构图在我国古代特别是汉代画像石、画像砖及壁画上应用普遍。

我们先以第6窟佛传故事浮雕为例来分析。第6窟的佛传故事有四种表现形式，其中以浮雕形式出现的有两种，一是将故事独具匠心的，用浮雕形式雕刻在中心柱四面的第二层，横向构图共有16幅。二是以浮雕装饰带形式，雕刻在洞窟西、东、南三壁的第四层画面上，因大部分已经风化，现存的画面仅有珍贵十余幅，以图案形式出现的浮雕装饰带，和前面所说的植物纹样装饰带，在建筑空间构成上有很多作用是一样的。

→ 第6窟中心柱上的佛传故事『腋下诞生』，适形构图。

→ 第6窟中心柱上的佛传故事『乘象回城』，适形构图。

中心塔柱四周的佛传故事，这是用高浮雕手法雕刻表现的，画面既是佛教故事的宣传，又是为了填补龛楣下的空隙处，画面构图的边框不是特别规整，却都严格地限定在一个适形的构图内。浮雕十分符合中心塔柱的建筑结构，随塔身的转折而转折，随佛龛的变化而变化，画面里人物比景大。随着中心塔柱空间结构变化，构图却是极稳定的，图案式浮雕的规则性和适形性成就了中心柱结构的稳定。

再说浮雕装饰带的这组佛传故事，画面宽窄基本相同多作横长方形构图，长短略有不同（有几幅呈方形），总体说构图规整，分析起来很方便。这组浮雕多是平视体构图，这些画面构图饱满，都是把人物、建筑刻死在构图底线的边框内，右上角或左上角的空白处，都雕刻了一个飞天把画面填满，使每个小构图都感到结实饱满，这些小构图和整个壁面上大坐佛、大立佛的构图形成对比，使画面有了变化，并又如同一块块方砖，把画面的空间结构夯实，加强了壁面的力度。每个单幅人物并不重叠，人物安排也具有空间意识，把一个个复杂的内容和场景，用最简约的表达方式，不受画面大小约束完整的雕凿出来。这样的构图既有绘画的可视性，又有图案的装饰性，连续起来在壁面的横向结构上也起了稳定作用。还有几幅浮雕下部多有风化，有的已看不清画面的全构图，推测起来更像平视体和立视体结合的构成。画面没有灭点，画面中人物多数比景大、比景高。这十几幅的画面，内容是互相衔接的，形成连环画形式的雕刻，刻法上也采用汉画像石的雕刻手法，但浮雕比画像石雕刻的要深，立体感更强，人物造型轮廓鲜明，线条简单有力，画面质朴浑厚，人物服饰和各种建筑都具有浓郁的民族风格，这是典型的中国装饰图案。当时浮雕起码有二三十幅之多，这些连环装饰图案其实也是一条横向的装饰带，加强

↓第10窟双龛佛塔上的化生童子。雕刻花的刀锋和塑造人的刀法运用截然不同。

↙第10窟前室北壁拱门上的局部，山峦中的牵花绳的童子像，山中有各种动物，童子虽然雕刻简单，但神气斐然。云冈的雕刻有的造型准确，有的并不准确，但都不妨碍他们的神似非常到位，要表达的意境无与伦比。

了忍冬纹装饰带的强度，在空间结构上起了至关重要的稳定作用，也在镜窟空间的构建中起了辅助作用。

还有一组浮雕连环画，在第9、10窟的前室，因为风化现在也仅存十几幅。这是一组表现佛本生故事的画面，它们宽窄一样，大小规整，构图饱满的作品，也是以装饰图案的形式出现，这在中国其他石窟是绝对没有的，在我国流传下来的，这种装饰图案的连环画浮雕仅此云冈一份。这组浮雕连环画十分显眼位置特殊，在空间结构上就像一个底梁，起着支撑第9、10窟前室空间的作用，并且在这对双窟中是对称的。这组浮雕也可以看成是洞窟中的装饰带。

（3）装饰图案在装饰带上的表现

图案在装饰带上的表现，最典型的要数植物纹样的装饰带。以第6窟的为例，这个窟的第一、二层莲花纹装饰带，是典型的二方连续图案。也就是以一个单位纹样向上下或左右，平移对称组成的图形，二方连续纹样可以无限延续。莲花纹装饰带是以一个莲花瓣的图形为单位，向左右等距连续排列形成的带状纹样，简单明了。第三层忍冬纹也是二方连续图案，这是以一个环形卷尾忍冬纹图形为单位，向左右等距连续排列形成的带状纹样。这些装饰带就如同洞窟空间的圈梁从上到下，非常有规则有力度，它是建筑空间的构件，在装饰艺术组成的立体空间体系中，装饰图案是非常规整好用的构件，可长可短、可宽可窄，既可无限延续又可圈折，成为了镜窟艺术空间体系中必不可少的“建筑”材料，也成了镜像的边框。

二方连续纹样，因为骨架有很多变化，形式上可分散点式、波浪式、折线式。接近窟顶的第一层手持花绳的童子纹装饰带，就是折线式二方连续图案，两个童子手持连接成倒三角形的花绳为一个单位，向左右等距排列形成带状纹样，是整个壁面的小点缀，它使一条条稳重的、规则的装饰带有了活泼的变化，倒三角形的花绳折线在纹样中既藏又露，和正三角形的小佛龛形成了对比和互补，使天顶和壁面的转折变得轻松起来。花绳童子纹呈现出几何加花形式特征，完美的表现了曲与直、动与静的对比效果，使石窟内的装饰充满精巧的变化，使石窟的装饰元素丰富多彩。

→第5窟内景，从这个角度看拱门附近的南壁，可以很好的看到雕塑是怎样为建筑空间、建筑结构服务的。雕塑随建筑壁面的起伏而起伏，神像、佛龛紧紧的附着在壁面上。

←早期石窟中雕满了千佛的壁面，壁面经过雕凿显得非常坚实有力。

我之所以说了很多有关装饰图案的专业问题，是因为我发现云冈石窟的每一个佛龛，每一个构图，都有小小装饰纹样，很多洞窟基本就没有空白的壁面。而且都是严格地遵守着装饰艺术的所有规律，无一例外，表现的太典型、太系统、太全面了，这也是中国其他石窟所没有的。**装饰图案在洞窟装饰艺术形式的构建体系中作用重大，它就像建筑上的砖、瓦、沙石、螺钉一样，在构建上起到了串联、协调和加固的作用。**它使空间表面布满了图形和色彩，使壁面更加充实，创造了各种肌理，形成了各种对比，从而使石窟空间更加丰富、更加迷惑，使镜像感觉更加明确。当然最终也是为了追求佛教梦幻空间的效果，并且在探求梦幻镜窟的空间中，起了非常重要的辅助和丰富层次的作用。除了我们说的这几种比较集中的情况，装饰图案在云冈石窟的表现形式多种多样，非常丰富，大有学问，可以做专题研究。

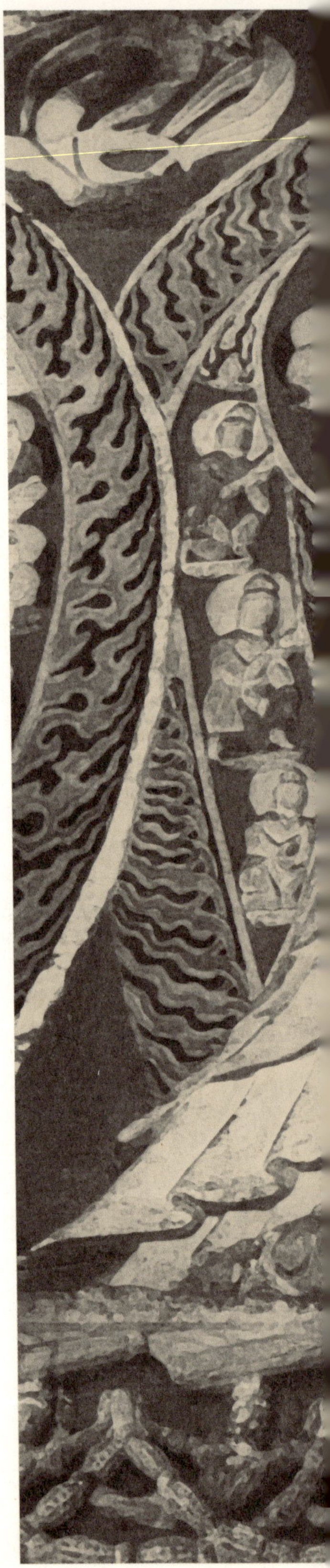

↗ 第13窟南壁拱门上的七立佛之一，同第11窟一样，这七尊立佛一字排列于莲台上。七个立佛造型基本一样，但衣服的颜色各不同，造像是标准的正等腰三角形，此佛头占全身高度的四分之一，这个比例基本是云冈立佛的尺寸，也是云冈石窟佛像的最大特点。很多人画云冈石窟的佛不像，主要就是比例不对，按此比例造像很是大胆。立佛褒衣博带身披袈裟，衣裙底边多层波纹滚滚，与第11窟不同的是，这组立佛的中国风味更足，汉风更浓。

→ 中期石窟坐佛像，佛像呈正等腰三角形，慈眉秀目，嘴角上提，好像正在娓娓说话，加之手势也许要告知你什么。云冈这样水平的佛像很多很多。

4 源于实用的装饰艺术适形性的运用

云冈中期石窟的各种造像有一个非常明确的特点，就是造型强调几何形式线，各种造像基本都限定在一定的几何形状内。如果早期石窟的适形性基本都反映在造像的局部，比如头、身体、手、脚上，设计者考虑的主要是造像的规则性和力度。那么中期石窟的适形性主要突出在造像整体的构图上，设计者更多考虑的是功能目的性。各种佛像、菩萨像、飞天、供养人，均根据设计者的要求限定在一定的几何形状内，而这些几何形状，又是根据他们对造像目的性的实用要求来考虑的。佛和菩萨造像在佛教中是一种象征符号，与极乐世界的构成和救苦救难的扶助相联系，信徒们可以在宗教体验的指导下，通过这种符号展开无限联想，从而获得心理上的满足，得到美轮美奂的艺术感受。比如从古到今都认为佛陀是至高无上的觉悟者，其地位崇高无比，对于芸芸众生来说高不可攀，佛陀是人们心中的神，是一种信仰的理想偶像，所以佛像就集中了世界上最美好的形象元素。云冈石窟创造了各种不同造型的佛像，他们需要这些佛像看起来稳定，佛像稳定，洞窟才能稳定，佛祖稳定，精神才能稳定，内心才能安定。他们把各种大小不同的立佛、坐佛都塑造在不同角度的正等腰三角形中，各种呈正等腰三角形的大小坐佛，各种呈正长腰等腰三角形的大小立佛等，都正摆放着，尖在上，底在下，支点最大最稳定。正三角形构图本身就稳定，加之又都是各种等腰三角形，甚至是正等边三角形，稳定中又透出一种力量感，高等腰三角形还有一种崇高感。佛是万能的，佛祖是稳定的，无论大佛还是小佛，无论是立佛还是坐佛，他们都岿然不动，都是不可颠覆的，让修行者从心里感到踏实、信任和依赖。洞窟的设计者为了创造的主旨，目的明确地规定了佛造像的形式走向。

菩萨则不然了，菩萨原为释迦牟尼修行尚未成佛时的称号，是“上求菩提（觉悟），下化有情（众生）”的人，人们的心中菩萨比佛陀差了一个等级，菩萨的能量没有佛大。走进寺院，你会发现很多大雄宝殿内前面都是佛，背面是菩萨，或者菩萨胁侍在佛的两旁。菩萨历经无数代修行，转生才能成佛。因为菩萨也是求最高觉悟者，教化众生于未来成就佛果的修行者，故又不同于其他人，正是他（她）的特殊身份，更接近于普通人，便于与大众发生直接联系，大慈大悲救苦救难，所以也是人们供养的主要对象。相比佛陀，艺术家创作菩萨造像自由发挥的余地更大。云冈石窟菩萨像大多在正、倒三角形的组合中，或者是正三角形和长方形的组合中，还有正、倒多个三角形的组合中，其上半身都是正三角形，所以感觉还很稳定，但总体的稳定性和力量感比佛像就大打折扣了，这也符合佛和菩萨在人们心目中的位置。

↑第13——18窟东壁，交脚菩萨像。由正、倒三角形组成的菩萨身材修长，神情温和优雅，背光浅浮雕图案雕凿的流畅恭整，配上造像流畅的服饰，使此像更彰显高贵典雅。

↗ 第7窟内室北壁飞天，这是一个雕琢在弧形幔帐上的飞天，身体呈不太标准的倒三角形状态飞翔，手持莲蕾还回头张望，古朴雅致，憨厚可爱。

← 窟顶局部——飞天，呈倒三角形，运动感极强。

而飞天就完全不一样了，飞天都设计在倒三角形中，而且多是不规则角度的倒三角形，倒三角形支点最小，极不稳定，但有运动感，所以飞天好像在洞窟中飞翔，加上了裙摆翻卷，衣带飘绕，飞天更是无拘无束，群像灵动，有人说是裙摆的飞绕，衣带的飘逸，带动了飞天的舞动，我觉得是倒三角形的构图，让这些小精灵满天飞翔。特别是天顶上的飞天造型，大多在各种不同倒三角形的形式线内，翻腾飞舞，活泼可爱，飘举的衣带和飞翔的人体结合在一起，无论怎么变，也跑不出限定的倒三角形的框架。只不过佛祖的正三角形是严谨的，而飞天的倒三角形构图是松散的、不规范的，这也看出当时的雕凿者创作时，对待这两种雕像关注的感觉是不一样的，有的飞天像雕琢的很随意。

供养人多是在长方形限定的构图中，竖长方形本身就有竖立感，仅仅是竖立感，因为他们都是凡夫俗子，一排排竖在佛祖面前，毕恭毕敬地站在那里。不单是第6窟，纵观整个云冈石窟，基本都是这种情况，很少有例外。通过这个有趣的现象可以看出，古代艺术家为了追求心中的信仰，使用了各种手段，也创造出各种形式，正是这些小细节成就了云冈石窟的辉煌与伟大。云冈石窟成千上万身造像，无一例外的都显示出装饰艺术的适形性，而且各类造像也在各自的规矩中，这种现象在其他石窟里也是没有的。从此以后，以几何形式线为基础的大型佛立像和佛坐像，成了经典的中国佛的艺术形象，在中国广为流传。时空无限，历史给我们留下了这视觉艺术的宝藏，让我们大饱眼福，愉悦心情陶冶情志。

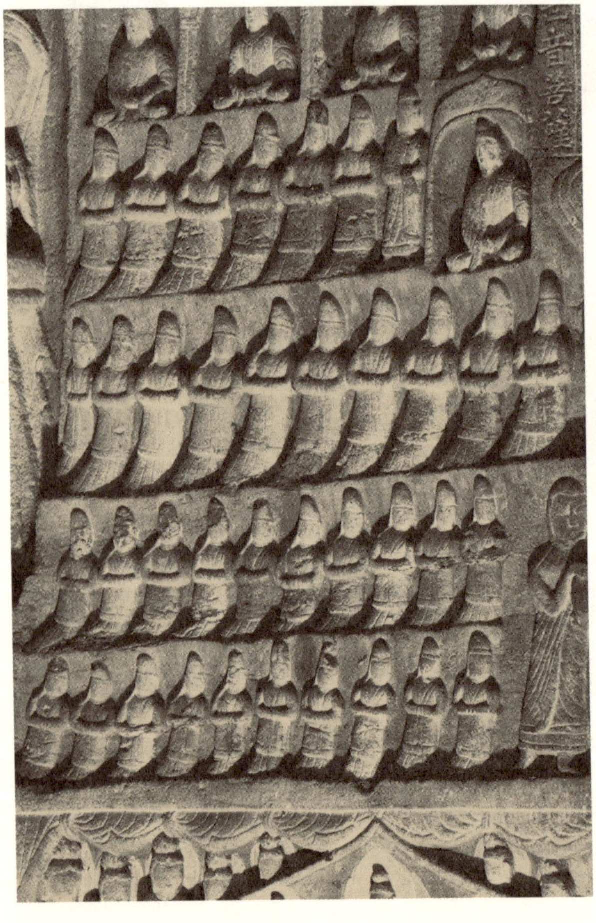

← 佛龛旁的小众神，雕凿手法简单，但造像目光一致，精神专注，表情虔诚，憨态可掬。

← 壁面上的供养人，整齐排列，形式感强。

→ 第13窟东壁供养人，这是一个不大的局部，虽然概括简洁但精致入画，队伍的前两位好像是佛门弟子，后三位雕刻的显然是鲜卑族供养人，岩石上小小的一角内容丰富。这种供养人的形式和形象在第11和13窟中多次出现。

↓ 第9窟南壁下层，被风化了的壁面。

在云冈石窟我首先发现的是，各种神像动态构图上装饰艺术适形性的运用，再深入研究，又发现了装饰艺术在建筑空间中的表现，进而认识到佛教传播中对建筑空间的追求。云冈石窟建筑空间里的视觉艺术形式，准确地反映了装饰艺术秩序性和适形性两大特征，准确地反映了装饰艺术的各种元素语言，我们看到先人们为了既定目标，充分利用视觉艺术的高超技巧。我们把以上小结如下：

（1）第6窟内室横向水平的三条装饰带，是由三条植物纹样的装饰图案组成的，仿佛是石窟建筑空间体系中钢筋水泥式的圈梁，是构成石窟空间结构稳定的重要因素，也给石窟带来了规则性、秩序性和丰富性，是石窟梦幻空间结构的根本。

（2）第6窟内室的15尊正等腰三角形的如来立佛像，10个五层佛塔等等的重复，其他几个洞窟的无数个大小对称，不同壁面的佛龛对称等等，都充分说明了利用装饰艺术元素上的重复、对称等语言，都是为了强调洞窟内追求镜像的特点，加强了洞窟的梦境、幻境感，也给洞窟带来神秘性，是石窟梦幻空间结构的精髓。

（3）把带有人物的小龛变成一种连续纹样的图案，是北魏艺术家的一种创造，说明北魏艺术家的求新和不墨守成规。它加强了洞窟壁面结构的稳定性，并且也起到植物装饰带所起的作用，使壁面更加突显镜影感，也使空间增加了丰富性。

（4）人物造型严谨并富有变化，不同身份的人物造型，根据主题内容的实际需要，都安排在适形的几何形式线内，这也加强洞窟的规则性。这种规范人物造型的方法和原则，直接影响了后代中国佛教艺术的造型。

（5）把装饰艺术利用到极致，把装饰艺术元素做到极致，把装饰图案安排到极致，都是为了创造佛教镜窟的梦幻空间效果。

通过中期石窟的辉煌可以看出，云冈石窟最实质的内容是——北魏的艺术家把建筑和雕塑融合在一起，利用装饰艺术形式的适形造型、装饰艺术形式的元素语言、装饰艺术形式的各种图案，构建出了一座座充满阳刚之气的、天人合一的佛教和谐建筑空间，而这种空间正是一种适合佛教徒观佛、禅定的梦幻镜窟空间，这在中国视觉艺术史上的价值是值得深入研究的。

↑第7窟明窗西壁，这是一个石窟内室明窗侧的立柱，与木构建筑不同的是，它是由岩石雕凿而成的整体结构，与内、外室天顶弧形过渡连成一体。艺术家随形设计了一棵山中参天大树，树身一直延伸至过梁部，树上阔叶缀缀，树下右边雕刻了两层修道比丘坐禅，比丘僧衣罩头，闭目静思但神情愉悦，有情趣的是树上挂着水瓶和镶，这样的生活细节了了几刀就形象地表现出来。树的左边是一尊楚立着的供养菩萨像，此像使明窗建筑结构转折的立面变得柔和，更主要的是扩大了明窗两立壁面的观赏面积，使朝圣者在内室更多更好的观像，这是比较典型的雕塑为建筑服务，雕塑与建筑完美的结合。

↑这是第11窟外墙上的一个佛龛，第11——13窟的外墙上散布着大大小小的佛龛，大多是中晚期开凿上去的。我每每走过总能不由自主地看到这尊佛，这尊吸引人眼球的佛。他面部清秀、微闭双眼、神情莫测，不知他是在想什么，他好像对世间的一切战乱、悲伤完全超脱，去尽了人间的烟火气味，坐禅入定飘逸自得。此像虽小，但仔细端详，潇洒的风度正是北魏时代所追求、向往的美的标准。造像方圆结合简洁有力。

云冈晚期石窟，装饰艺术形式高度凝练，雕凿手法熟练流畅，造像汉风十足，但现存的佛陀像、菩萨像却看不出先前的阳刚精神风采，已经没有了云冈早中期石窟的气魄和气势。因为晚期洞窟规模小，遗存情况也不好，我们暂不过多分析。

六 / 云冈石窟早期到中期建筑空间模式变化的原因

←二佛并坐线描。

六 云冈石窟早期到中期建筑空间模式变化的原因

云冈中期石窟的建筑空间模式和早期石窟有着很大的不同，早期石窟选择气势磅礴的大窟高像，追求建筑空间含山川大势，题材以三世佛为主，主尊占据了窟内大部分空间，洞窟平面皆作马蹄形，穹隆顶，整个建筑空间呈现出鲜卑族传统居室毡帐穹庐的形貌。中期石窟的开凿主要在献文帝继位（公元466年）后，北魏皇权对石窟工程重新进行了规划，从思想上对工程的设计进行了调整，建筑模式有了很大的变化。中期石窟大多是平面呈方形，窟顶出现平棊顶、平棊藻井顶，壁面多横向重层布局，实为模拟中国样式仿木构的石雕建筑，窟口崖面上雕饰斗拱窟檐外貌，窟内还雕有多层楼阁式的各种高塔，建筑空间已改为模拟人间帝王的殿堂，更准确地说是中国汉式殿堂的布局，显示着与早期石窟空间结构明显的不同，为什么会发生这么大的变化呢？这一直是个值得思考的问题。

云冈石窟开凿在侏罗纪砂石岩上，岩性疏松，灰黄色的中粗粒砂岩上，经常夹杂着一层层紫红色的砂质页岩，砂岩易于雕刻，页岩软弱，稍有不慎便险象环生。中期石窟每一个洞窟的面积都不大，通过中心柱、前廊、后室的分割，石窟的跨度较早期显著缩小，有人认为是工程开发中岩石的质量问题，使中期洞窟建筑空间发生改变。也有人认为石窟开凿过程中，北魏王朝皇权内部发生人事更迭，政治形势的变化对石窟的建筑形制、内容产生影响。学术界过去也多有认为，这是石窟艺术逐渐向中国化过渡的表现。对于以上的观点我均赞同，但这都只是影响，并不足以从根本上改变整个的建筑模式。我想对建筑空间的追求，才是早、中期建筑模式改变、洞窟形制变化的根本原因。

从早期到中期有一个问题最值得关注和研究，那就是云冈石窟开凿的目的及每个洞窟的用途，也就是说石窟寺的功能。佛教在中国真正开始流行大约是公元3世纪，到了5、6世纪南北朝时期便进入高峰，当时中国建筑可以说进入了一个宗教建筑的时代，由于佛教的盛行，宗教建筑在那个时代产生了前所未有的高潮，不但空前而且绝后。5世纪中叶开始，中国北方的佛教传播中，法华经忍辱负重、牺牲自我的思想在社会上流行，观世音菩萨能解除现实苦难的说法

↑ 第11窟的佛龛，云冈这样的小佛龛太多了，雕凿好的也太多了，此佛龛下有两组小人儿手舞足蹈，憨态百出，每个人动作表情都不重复，他们要说明什么我不太懂，在佛经里代表什么也不太明白，但从画面上看人物形态雕琢的虽小，但造型简洁而生动，趣味性十足，神似高于形似。

↖ 第11窟内景，窟内的大小佛龛虽然没有秩序可言，但都本分地附在壁面上，壁面根据建筑空间要求并不凌乱，而是随洞窟形状而坚挺有力。

↑第9窟外室上层内景，这是站在明窗高度从东向西看，明窗的结构坚固，正是有了这样的建筑结构，石窟才得以保存了1500多年。明窗的西壁立面上雕有山峦树林，其间奔走一头大象，象上驮着头戴宝冠的菩萨，据说这是普贤菩萨，菩萨满面悦色，前面两个伎乐天指引，身后一供养人手持华盖紧随，一行队伍欢愉快乐，运动感强。此画面立意明确与东壁画面呼应，构图考究，安排和谐，雕凿精美。

深入人心，佛教传播已有丰富的内容。作为宗教建筑和宗教艺术，石窟寺的雕塑与绘画的首要功能，就是为了宣扬佛教教义，是为了配合变文讲法，为了庄严整个石窟道场，以便信众在瞻礼、观佛过程中，了解佛陀出生、成道的整个经历。石窟寺建筑空间的重要功能，主要就是为了广大民众观佛、礼佛，云冈石窟开凿过程中观佛、拜佛、礼佛，一直是设计者坚定不移的追求，石窟寺也为了虔诚的信徒禅定、修行、做功德。北传佛教尤其重视禅定与禅定修行的实践状况，备受推崇的三昧修行，不仅指参禅时冥神关注，还指为了能达到这种出神状态，精神与肉体上的训练，训练将精神集中于某一点上，并长时间关注而不转移。这种修行有两种基本方式：坐念和旋绕。坐念的空间和旋绕的空间，就成了关键。在佛教的各种道场，信徒们认为他们的心理交流必须在佛光的照耀下才能进行。我们看早期石窟的建筑形式，主尊之外的洞窟里并没有更多的空间，也没有宣传教义的更多图像，巨像之下更适合于朝拜，五体投地的朝拜，那种建筑空间的气势，让人无法长时间停留于此，洞窟空间也无法容纳更多的人。当狂热的崇拜不能全面满足人们心灵上的需要时，随着佛教传播的深入，人们就想拥有能满足、了解更多佛教内容的空间，能有更多顺畅旋绕的和谐空间，就想追求一种更多的能够进入禅定的修行状态，能够进入一种达到心灵与神灵对话的境界。这种境界除了自身修研的觉悟，人们更多希望建筑空间的气场，能帮助人们尽早的进入境界，建筑空间所营造的氛围就成了关键，因此对建筑空间的要求就成了中期石窟开发的重要追求目标。这种建筑空间内在的精神追求，也正好符合玄学发展时期的北魏，对佛教内在精神的追求，我们原来更多关注的是造像的内在精神追求，从中期石窟建筑形制的改变也许提示我们，佛教建筑空间的精神追求也是从未间断过。也许我们应该尽量用那个时代的眼光来考虑这个问题。

→ 从第9窟内室透过拱门向外看，这个拱门从外室看是长方形的，从内室看是椭圆形的。拱门内里雕满了花饰，门内略宽外面略窄，整个造型敦实坚固，岩石雕凿出的门，感觉就是不一样，从这个门你也许能真正体会到石窟寺的概念。

↑ 这是一个明窗的侧面，佛龛雕凿在岩石上，岩石更加坚固有力，岩石从此充满了灵魂。

中国建筑的组织和布局其特点之一，就是人一进入建筑的大门，所得到的视觉印象完全由设计者来安排，设计者考虑人在其中的感受更重于建筑物本身的自我表现，北魏的石窟寺也秉承着这个原理。石窟寺同其他中国建筑艺术所追求的目的是一样的，它所表达的不仅限于各种静止中的形象，更主要的是希望由连续印象所带来的综合效果，由印象积累在思想感情上所产生的感染力更为重要。建筑所带来的感受并不只限于一瞥间的印象，人在建筑或建筑群中运动，在视觉上会产生一连串不同的印象，特别是有中心柱的洞窟，从一个侧面走到另一个侧面，景物和光线就会完全变换，光线从明到暗，又从暗到明，一个个雕有不同图像的壁面，犹如文学作品那样一章一节的展开，也如戏剧一样一景一幕不停的更迭，更如音乐一样，一个乐章接着一个乐章。从一个封闭的洞窟走向另一个封闭洞窟，情况也是如此。

建筑空间的追求，从牧帐似的空间到近似殿堂般的空间，这也是一个游牧民族从不定居所到汉居建筑的追求，这是社会发展的表现。从早期造像威严、神权、高不可攀的单一偶像崇拜，到营造图像空间创造空间神化的追求，这是人类思维更复杂，精神更进步的表现。有人说中期造像千篇一律，无个性化了，其实不然！中期造像只是不再追求单体造像的形态，不再简单地追求单体造像的神似，造像成为建筑的组成部分而存在，造像已更彻底地溶于建筑中，造像构图与雕凿形式均是为建筑空间的构成而设计。从视觉文化的角度看，用雕塑堆砌的建筑空间，远比单体雕塑要复杂得多，高级得多。云冈石窟雕塑与建筑结合的如此完美，堪称杰作，这在全世界也不多得。

据我们现已看到的，国内云冈石窟就是经典，国际上西班牙建筑大师高迪的作品，圣家堂、古艾公园等等也是经典，这都是雕塑溶于建筑的代表作。虽然这一个是中国的，那一个是外国的，远一个是古代的，近一个是现代的，表面上艺术手法也不太一样，但在建筑和雕塑的结合上，骨子里却是一样的，在艺术原创性上是一样的，在人类精神追求本质上也是一样的。建筑本身是人类文化的结晶，建筑空间的追求正是人类文化不断进步的表现。云冈石窟对建筑形制上的考虑，

↑西班牙巴塞罗那圣家堂外景，西班牙建筑大师高迪作品。

↖圣家堂外墙局部。

←圣家堂外墙局部。

对建筑空间的追求，是人们思想认识上有了更高的要求，随着佛教传播狂热升温，对佛教极福空间的追求，更加激发了中国人无限的想象能力。

在中世纪中国人的想象中，印度佛教的自我解脱与轮回，一直都有一些令人百思不得其解的矛盾，所以中国无数高僧大德，历经千辛万苦西去取经。在我们今天中国人的想象中，石窟寺中很多建筑模式和视觉现象仍然奥妙无穷，如果结合宗教内容，很多图像和艺术形式背后不知还有多少目的性，也许很多视觉现象对于我们现代人来说永远都是一个谜。

七 / 云冈石窟建筑空间的一贯追求

→ 第5窟大佛后面礼佛通道的东口，虽然已经风化腐蚀，但岩壁上仍留有雕凿的痕迹，上面好像是飞天，下面大约是供养人，约有一人高。通过雕凿的复杂程度可以判断，当时开凿者已把通道视为洞窟建筑的一部分。

→ 第5窟大佛后面礼佛通道西口，雕凿情况与东口是一致的。

← 思维菩萨线描图。

七

云冈石窟建筑空间的一贯追求

云冈石窟对建筑空间从始至终有着明确执著的追求，从现在的遗存可以看出其演变过程。在早期石窟的五个洞窟中，第16、17窟被认为是一组，是开发的比较晚的石窟，有专家认为，它完成于中期石窟开发的时间内，主要的依据是第16窟的主尊大佛已身着汉衣，当然还有一些其他的根据。我想这个判断是对的。因为不光大佛的服饰发生了变化，第16窟主佛前的空间，已和早期其他石窟的建筑空间不太一样，主佛前的面积明显加大，人在洞窟中已有活动空间，可以礼佛、禅定，相对洞窟已可以容下更多的人。第16窟的建筑空间和中期第5窟极为相似，两个洞窟的平面均呈椭圆形，形状基本相同，只不过第5窟与之相比，大了一圈，比如第16窟主佛的莲花底座前，到洞窟门的

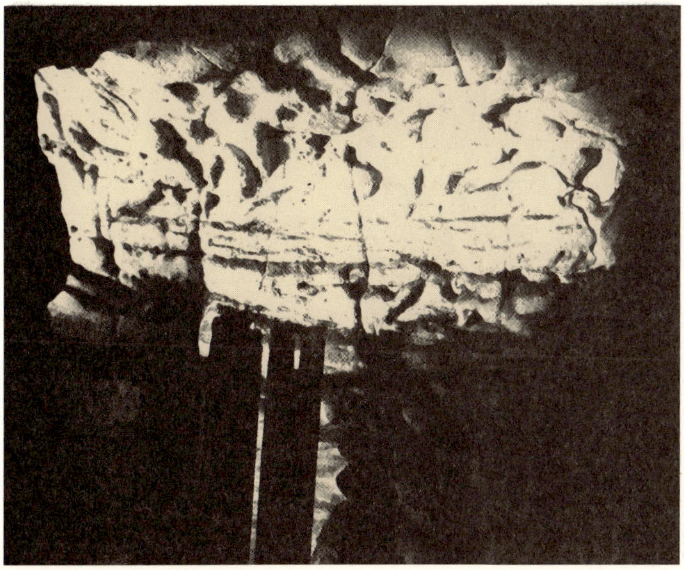

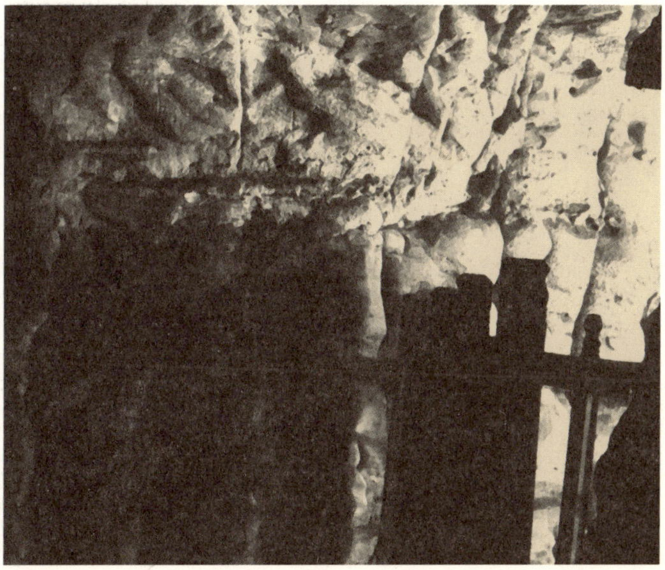

距离约是4米，西东两壁之间的直线距离约13米。第5窟内室主佛基座到洞窟内外室的门距离也是约4米多，西东壁之间的最长距离约是20米，但第 5窟主佛身后有了比较宽敞的礼佛甬道，这说明主佛已经前移，位于窟中心，人们在其中已经可以旋绕修行，建筑形制与中期石窟相近似。而第16窟没有，此窟的主佛像仍然贴在后壁上，但早期狭小的建筑空间模式，在第16窟已经发生悄然变化，建筑空间开始变大，说明设计者已研究并注重石窟寺的全面功能。

据多位专家考证，中期石窟开凿的顺序为第7、8窟，第9、10窟，第11、12、13窟，然后是第1、2窟，第5、6窟和第3窟。第7、8窟和第9、10窟，可以说是中期石窟建筑形制全新探讨的开始，这两组对窟，呈长方形平面，具有前后室，壁面上是规整的图像安排，建筑空间已见方形，第7、8窟窟顶已雕有仿木藻井，地面有了更大的活动场地，这些和早期石窟截然不同，只是窟内还没有旋

↗第10窟内室的佛龛，云冈石窟中普普通通的一个佛龛，华丽、年轻、阳光是云冈佛的形象，精气神是云冈佛的精髓，云冈佛龛的氛围是中国其他石窟少有的。

←第10窟内室南壁拱门上的佛，这排列整齐大小一致的坐佛像共有七尊，每尊像都笑容满面地呈正等腰三角形，造像异常稳定，排列在一起更强化了这种感觉，安置在拱门上面也加强了门的牢固性，配合下面细细的雕花门框，使内室更加富丽堂皇。

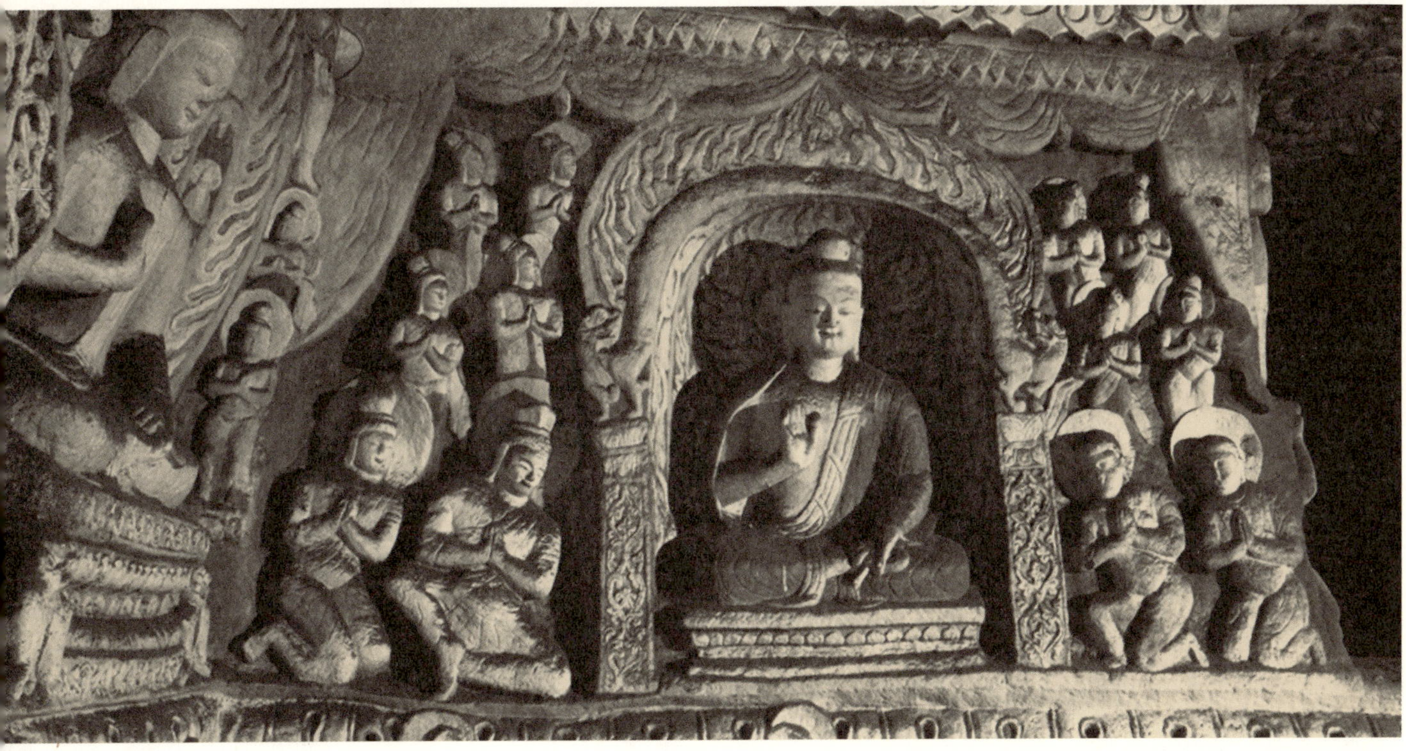

绕修行的空间。而第9、10窟发生了一点变化，后室是穹隆顶，并在后壁凿有礼拜通道，信徒可以旋绕修行。第5、6窟是一组对窟，据说是同时开凿的。应该说建筑模式一定基本相同，但实际上现在的遗存是，两窟外室基本相同，而内室则不同。第5窟内室仍是穹隆顶三世佛，窟内居中是大像，尽管壁面雕满了神像，但整个建筑模式仍然带着早期石窟的空间痕迹，而第6窟内室就完全不一样了，规矩的方形窟顶，规矩的横向重层布局壁面，规矩的礼佛通道，如果说第5窟还带有早期石窟的影子，那么第6窟就是全新的建筑空间理念，第6窟继续着第7、8窟和第9、10窟的理性规矩的图像壁面，便于仔细观佛，而在建筑空间中又加强、完善了礼佛通道的合理性及舒适性，旋绕修行可以围绕中心塔柱来进行。第5、6窟这组对窟，建筑模式应该一样，却没有完全一样，但在具备围绕中心塔柱和围绕佛陀巨像的旋绕修行空间上是一致的，因为中心塔柱和佛偶像柱在佛教的象征意义上是相同的。这里还有一点值得注意，第7、8窟和第9、10窟，这对大组合中，一组石窟雕成汉式仿木藻井顶，一组仍是穹隆顶，第5、6窟是一组对窟，也是一个平顶，一个是穹隆顶。在石窟建筑空间的追求过程中，设计者念念不忘穹隆顶，是对鲜卑族牧帐生活的怀念，还是在建筑空间的追求上，有更深层次的见解，我们不得而知。但这起码说明在当时开凿时，什么样的空间更适合朝拜和修行，什么样的空间更具有通神的气场，什么样的空间更适合当时的社会需求，人们也有犹豫，也在探讨，或许还有争议，而且争议还僵持不下，窟顶的变化也可以看出这一端倪。这说明在开凿过程中有不同的摸索，认识也在逐步提高，但努力追求佛教和谐建筑空间的效果，所下的决心是显而易见的。用今天的眼光看，作为佛教建筑石窟寺，第6窟的建筑空间是无可挑剔的，它完全迎合了弘扬佛教发展的需求，满足了广大众生拜佛、礼佛、修行的心理需求，在北魏建筑艺术中是辉煌之作。对建筑空间的追求，在第6窟到达了顶峰，接着从第1、2窟也可以看出对它建筑模式的肯定和延续。

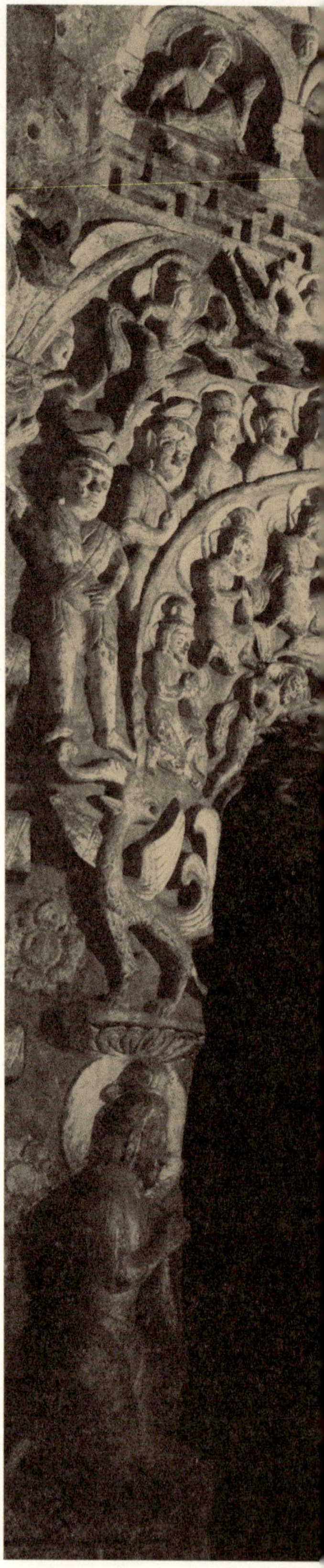

→ 第10窟前室上部明窗。在云冈通过对明窗、拱门的观察，你可以认识到石窟雕凿的伟大，特别是站在侧面看建设工程，建筑结构坚固，建筑立面雕刻的各种神像设计合理，内容丰富、雕凿有序，时间已经证明了云冈建设工程的质量与建筑艺术上的价值。

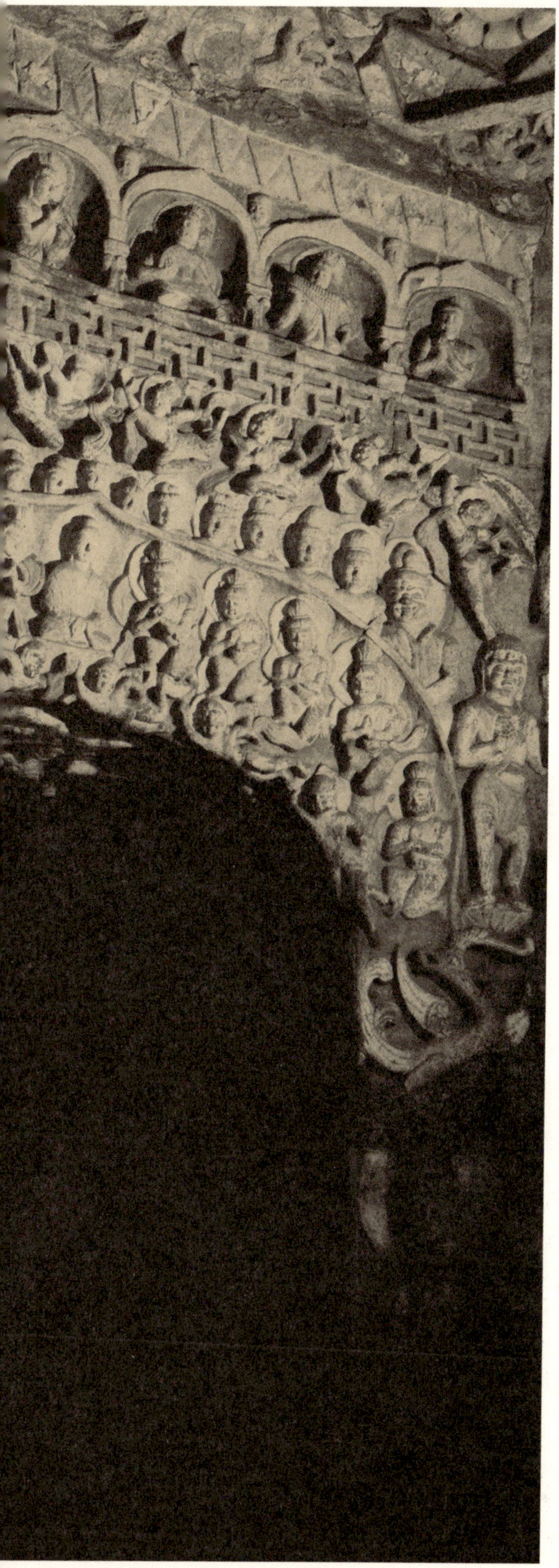

第1、2窟也是一组对窟，两个窟建筑空间形制，高矮、大小基本相同，这是一对设计完善的中心塔柱窟，在中期石窟中，是开发比较晚的一组石窟。有专家认为它的开发在第5、6窟前，从完善建筑空间这个角度分析，第1、2窟不像是第6窟的先行者，更像是第6窟的建筑空间综合提升。针对洞窟开发时间的排列顺序，我想只有一种解释，那就是第1、2窟开凿于第5、6窟后，完成于第5、6窟前。也就是说第1、2窟在神领了第6窟的精华后，才设计开凿了这对双窟，完全有这种可能，因为第1、2窟的规模，远远小于第6窟，建筑空间不大，建设工程所需要的时间，肯定也远远没有第5、6窟长，也就是说，第1、2窟的开凿与完成是在第6窟的建设过程中，这样我们就可以合理地欣赏它建筑空间的艺术价值了。第1、2窟是第6窟的精彩提炼，这两个石窟继承了第6窟的建筑空间模式，并且把它精炼浓缩。我们以第1窟举例，此窟有中心塔柱，造型极其优美，这是一座仿木结构瓦垄屋顶的两层石雕塔，宽阔的塔基，大大飞出的仿木塔檐，和宽大探出的华盖顶檐，使塔的造型不同于一般塔，此塔没有塔刹，但在接近天顶时，石雕造型的弧线像花儿一样向窟顶展开，上面雕画了蛟龙纹，使塔柱和天顶的衔接生动不入俗。下面是带有一层花形，一层几何抽象三角形图案的塔檐，规整而方正。塔顶一曲线，顶檐一直线，下面的仿木塔檐又是一斜线，造型生动又有变化。塔身并不高，塔身四周均有两层佛龛，下面的一层塔身比上一层高。这个塔有两个细节值得注意，一是接近窟顶的塔顶檐上的抽象倒三角形，每个倒三角形都大大的拉长了尺度，加上每个底尖又都有一个圆形的小坠，让人感到塔的力度，并加强了塔的高度感。二是下层塔身在佛龛的龛楣底部，全都向里收了一下，如同漂亮女子在着装时，束了一下腰，轻微的一收，塔身却精神了不少（见188页线描图），很多细节非常微妙，此石塔造型真令人称道。大概是因为重视建筑空间的功能，旋绕修行时都要围绕此塔，所以此塔特别漂亮，此塔是这个窟的亮点。可惜塔的下部风化严重，细节已经看不清了。

→ 第2窟内景，洞窟中间的中心塔柱，虽已风化破损但依然挺拔耸立。

↓ 第1窟内的中心塔柱，岩石雕刻的塔柱犹如木结构质感的佛塔一般。

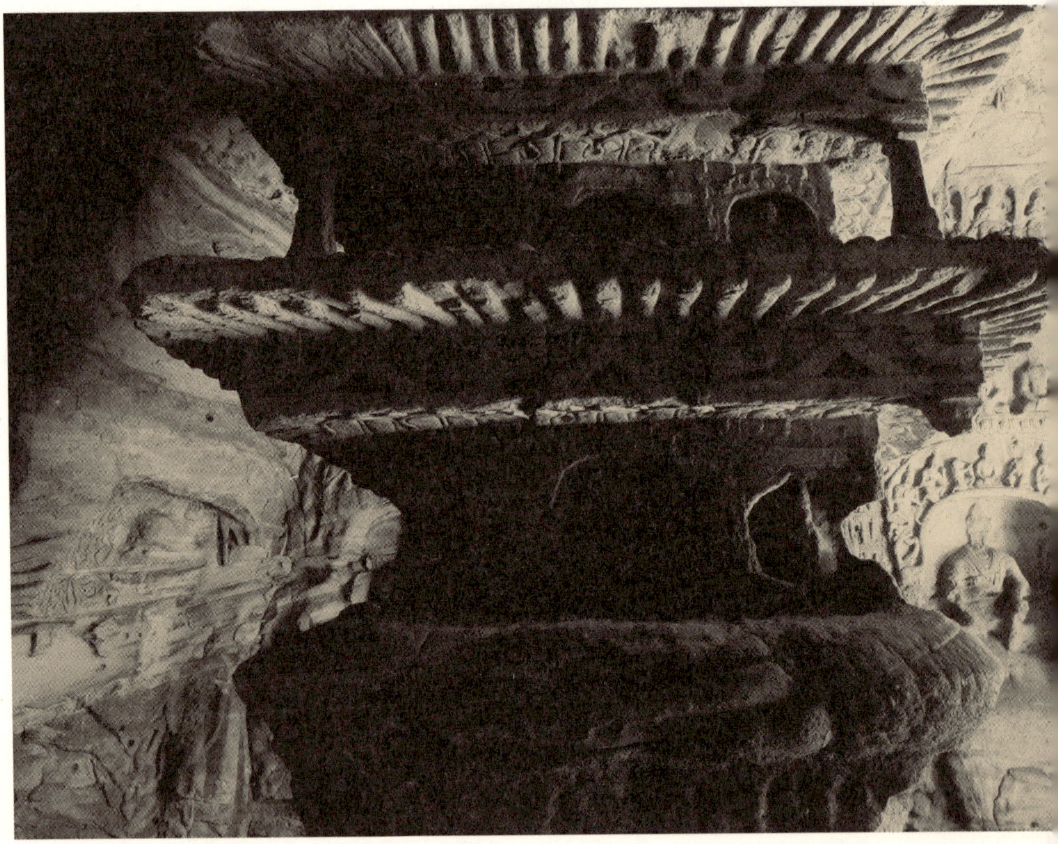

四个壁面紧靠天顶的也是抽象三角形装饰线，这里的三角形就没有太加长，下面是一排坐佛，再下面是莲花瓣纹样的装饰线，这是一条以坐佛为主整齐的装饰带，也是洞窟中遗存的最精彩的一道景观线。西东两壁的下一排是大型佛龛，西壁四龛，东壁四龛，相互对应。再下一层是佛传故事连环画浮雕，虽然已风化的所剩无几，但仍能从构图上看到浮雕上面的忍冬纹装饰线，西、东两壁是对称的，连环画浮雕下面是一排排对应着、顺序一致的供养人，整个洞窟明显带有镜窟的影子，现在看不如第6窟感觉强烈，但如没有风化这么严重，在当时也很难说。北壁是一佛两菩萨的三个佛龛，佛龛上面是造型非常流畅的飞天，这几个飞天也是云冈石窟中最优美的飞天之一，它比早期有些呆板笨拙的飞天要成熟，比中期圆润可爱的飞天要流畅，比晚期那些非常抽象缥渺的飞天要生动，这也是云冈特有的飞天。礼佛的通道宽约2米，前面靠近窟门的约是3米，洞窟高约6米，整体空间感觉极舒服，我在石窟

→第一窟线描图。

第一窟内景，这是从里向外看的情景，洞窟中心有塔柱。

里走过很多次，那种简单、那种惬意、那种舒展、那种满眼的和谐，不是每个石窟都具有的，我想这和洞窟设计的尺寸有关，这是一个黄金分割的尺寸，是一个注重建筑空间艺术性的完美设计。第1、2窟最大的特点，就是继承了第6窟建筑空间上的优点，并提炼浓缩了全部精华，在第6窟的基础上创新设计、精致雕凿成就了第1、2窟，云冈石窟对建筑空间的追求到此才算画了一个句号。

从云冈石窟开凿的顺序，可以看出其间每一个洞窟建筑空间变化的过程。从早期昙曜五窟，到第16窟和第7、8窟、第9、10窟，再到第5、6窟，最后到第1、2窟，这是一个完整追求佛教建筑艺术空间的轨迹。广大信徒虔诚的追求，参拜者进入石窟后就能身心全部融入广阔的图像世界中，就能冥思默想达到忘我出神的境地，就能围绕心中的菩提顺畅地礼佛旋绕修行。他们被引导专注于思想活动，他们从洞窟壁面上获得一种类似“镜面反射”的对于佛的梦境视觉，这种视觉冲击又加强了在道场的幻觉，促使将自己引入一种通神的境界。这种概念的建筑空间模式，也影响了中国以后很多石窟的开发和建设。

云冈石窟对建筑空间的一贯追求，其实在北魏的其他石窟中都有体现。我们都知道，北魏从大同迁都洛阳后，又开始了大规模的开凿石窟的活动，它代表了北魏晚期的石窟，这就是龙门石窟。在这里我们把云冈和龙门石窟做一个简单的比较，以便对北魏时期的石窟寺有更全面的了解。龙门现存的北魏石窟主要有：古阳洞、宾阳洞和莲花洞，前两个洞窟的平面呈近似方形，莲花洞平面略见长方形，洞窟的门都高大，门上已没有了明窗，窗和门和二为一，由于窟门宽而高大，光线很亮，洞窟从外面就可以一目了然，因为窟门周围壁面很少，所以洞窟空间基本是三个壁面围合，建筑形制和云冈石窟不同。洞窟内主尊佛像基本都贴在后壁上，佛像虽然高大，但气势并不压人，全然没有了装饰艺术的特点，两边其他神像的高度仅次于主像。几大神像面前有一块空场，其他的雕像没有更多的规律

↑这是一佛龛的上角，并蒂莲的图案下有几个鲜卑族的供养人手捧莲蒂向前，这么微小的局部，细节都很生动感人。

性，建筑空间的感觉比较适合朝拜、坐念，它避免了云冈早期洞窟空间狭窄的弊端，继承了云冈中期石窟空间的适中与稳定，但看不出有更深奥的镜窟空间追求，也许更适应北魏南迁之后的汉文化及礼佛习惯。从视觉艺术这个角度看，龙门石窟之北魏时期的洞窟，造像水平、空间模式上均没有高过云冈经典的几个窟，从表面上也看不出有多少云冈石窟的痕迹，但从建筑空间上可以看出北魏石窟，从早期到中期对建筑空间模式变化的肯定和延续。还可以看出，去掉游牧民族的痕迹及汉文化对石窟艺术的强势影响。图像雕凿艺术方面，最值得称赞的帝后礼佛图因为被盗而看不见了，但莲花洞窟顶的大莲花很精彩。

这里还要顺便提一下洛阳附近巩县的石窟寺，它创建于北魏孝文帝迁都洛阳后的太和年间，雕凿时间晚于云冈和龙门石窟，建筑规模虽然小，但在雕凿技术上更趋成熟。洞窟建筑形制，简直就是云冈中期石窟的翻版，比起龙门石窟，它更接近云冈的风格。巩县五个石窟里，四个有中心柱，每个石窟的壁面都是横向构图，有的洞窟门上有明窗，在建筑空间的追求上，和云冈石窟的建筑模式相同，尤其像云冈石窟的第1、2窟，建筑空间、造像风格极为相似，但却只是少了神似。装饰艺术规律利用的也不典型，镜窟的空间感觉没有形成。我想这一是洞窟建筑空间较小，造像相对气势也小，二是洞窟里主要佛龛背光、背景简单，壁面和中心柱的很多地方没有雕饰，露白处太多，岩石的灵性也有差异，因此窟内总体的丰富性及幻影性比云冈石窟弱很多。然而由于岩石的质地更加细腻，窟内的很多细节刻画甚至高过云冈石窟，比如一窟的帝后礼佛图、四窟的天顶藻井雕刻、三窟中心柱佛龛上的飞天以及几个壁面上千佛等等，这些图像雕刻都精致无比，艺术价值极高。

北魏迁都后的龙门和巩县石窟，虽然都很有特色，但都没有再现北魏平城时代云冈石窟雕凿的辉煌，从视觉艺术形式来看，装饰艺术没有更多的创新和发展，石窟建筑空间的追求也未见有更多的探索与新意。因此，我想北魏石窟寺最经典的巨作还是在云冈。

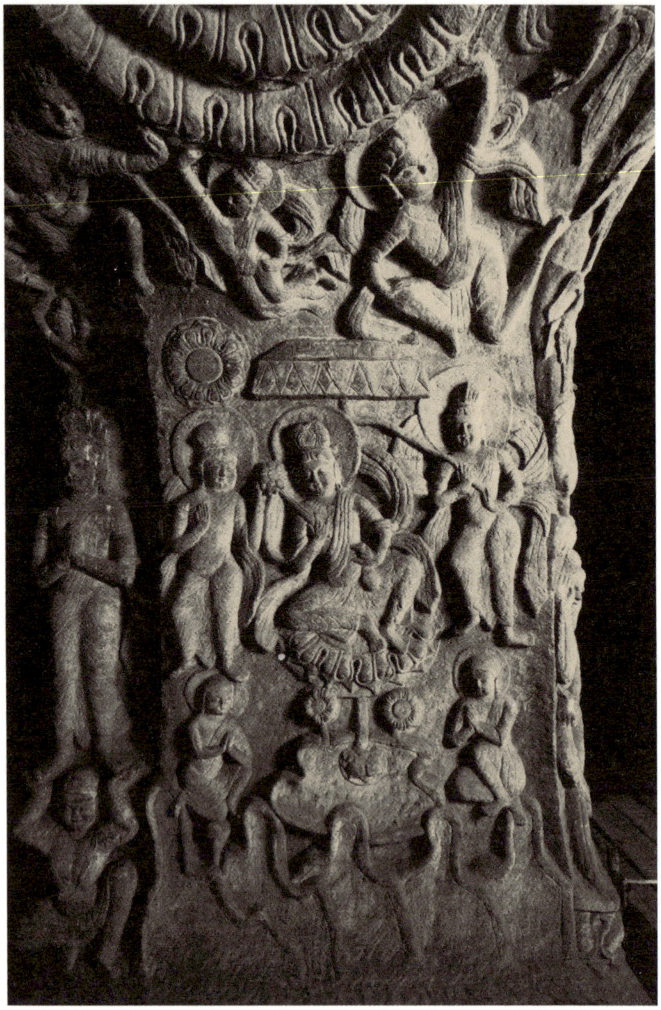

↑ 第9窟明窗东壁，这是一幅坐莲菩萨像，池中一朵大巨莲，上面安然盘坐一尊笑容满面的菩萨，据说雕刻的是文殊菩萨，下面两边各有一比丘半跪合掌，上面两侧各有一供养天，一个手持华盖另一个抚掌侍立，两人均面带喜气。东壁的这幅图像和明窗西壁的普贤菩萨相对称，内容相呼应，其主要是描写华严三圣中的文殊和普贤菩萨去灵鹫山听法的路上。中期石窟的开凿正值北魏孝文帝太和盛世的时期，经济繁荣、社会祥和，因此石窟的很多神像轻松欢乐，带有浓郁的时代色彩，雕刻随建筑而设计，整体感很强。

八 / 云冈石窟视觉艺术价值的意义

← 第7窟后室南壁西侧佛龛。

八 云冈石窟视觉艺术价值的意义

在一片质朴、浑厚、温暖的砂石岩上，云冈石窟在特定的自然环境条件下，充分地利用大自然给予的资源，创造出了具有中国特色的佛教建筑艺术。在这片石窟寺的洞窟空间里，我们的先人雕凿出中国第一批重要的纪念性雕像。从视觉艺术的角度看，云冈石窟的单体雕塑是极其优秀的美术雕塑，每尊佛陀“不可言说的深意微笑，洞悉哲理的智慧神情，摆脱世俗的潇洒风度”，都是北魏那个时代所追求美的最高标准，它是中华雕塑艺术理想美的高峰。上千万的雕塑放在一起，集空前之大成，创造出中国最为卓越的雕塑群像。云冈石窟的单体雕塑和雕塑群像的伟大成就，早已在中国艺术史上得到肯定。我们今天所认定的是云冈石窟利用装饰艺术的规律，用单体和群体的雕塑图像构建了一座座佛教的梦幻空间，雕塑在这里成了建筑空间的构件，雕塑和建筑融为一体，这种特殊空间是我们以往没有探讨过的。

云冈石窟以山岩为原材料，充分利用装饰艺术形式，雕凿了具有宗教性质的镜窟空间。所营造的建筑艺术空间，感觉是那么逼真，那么丰富，而且这种建筑空间的追求，在云冈石窟是由始至终连贯的，这是中外其他佛教石窟寺所没有的，从这方面看云冈石窟的视觉艺术价值极大。它所表现的不仅仅是一个简单的佛教建筑空间，而是中国北魏当时玄学、宗教、文化、艺术综合发展的高度凝练。先人们雕凿出了佛教梦幻空间，目的是为了追求能在这个空间里与超自然力交流。这虽然是一种虚迷空间，但确是一个充满感情色彩的空间世界，是一个修行者极力想要进入凝神冥想的幻境空间，一个佛教徒虔诚地要与神灵沟通的空间，一个万众都祈望得福的空间。云冈石窟构建了一整套辉煌的佛教传播体系，这整套体系是难以用语言文字表达清楚，只能用视觉图像的空间述说，它可以引领心灵专注地感悟佛教气氛的特殊。这是天与人感应着，人与神交流着，天与地呼应着的超越世俗的空间。云冈石窟没有文字，也不需要用文字，图像就明确地表述意图，图像就说明了一切。北魏的高僧与艺匠对视觉艺术的认识和所表达境界，也许早已高过今天的我们。

→第13窟南壁七立佛之一。

→ 第10窟前室北壁，五层的双龛佛塔。

→ 第11窟拱门处，雕塑和建筑的结合，雕塑为建筑所用。

← 第13窟内景，南壁明窗下气势宏大的七立佛像。

↑佛像，太美了！北魏雕塑的理想美。

↑佛像，多有特点，微妙的表情如同真人一样。

云冈石窟在中国佛教建筑史和艺术史上具有独一无二的个性，它创造性地诠释了空间艺术的唯美与协调，是中国建筑空间里，视觉艺术上的创新与创造，是大自然与建筑、景观、雕塑结合的天衣无缝的杰作。从每个单体的装饰艺术形象到装饰艺术形式的构图，再到装饰艺术形式的壁面规划，它完成了一个用装饰艺术形式所构建的特殊空间体系，装饰艺术在这里被利用，被做到极致，可谓是登峰造极。这是云冈石窟同中国其他任何一个佛教石窟寺的最根本不同。云冈石窟是古代建筑空间中利用装饰艺术形式设计的典范，是中世纪佛教镜窟空间的伟大探索，是中国视觉文化最精彩的巨制。它影响了北魏以后中国文化艺术的很多方面，在中国视觉文化历史上有着不可比拟的重要学术价值。

九 云冈的精神与传承

↑第12窟前室北壁拱门上的图案。

九 云冈的精神与传承

每个到过云冈石窟的人都会感到震撼，主要因为这里的阳刚气场和佛陀神采奕奕的造型。天下没有偶然的东西，偶然都发生在必然之中，从来艺术创作都有必然的原因。云冈石窟在物质上留给我们无比宝贵的财富，在精神方面也留下了无限的力量。云冈地处大同，大同曾是北魏的都城，拓跋鲜卑族人经过艰苦迁徙和金戈铁马血腥战争之后，在此度过一段相对安定、祥和、发展的岁月，历经了几代帝王的励精图治，北魏王朝在此达到了辉煌的顶峰。这是中国封建社会的上升时期，整个时代充满了自信与胜利的阳刚之气。当鲜卑人从落后的大草原来到生产力相对发达的农耕平原，作为一个从荒蛮之地南下的少数民族，他们克服了心理上的自卑，看到中原汉族先进的生产力与时尚的汉文化时，一切让他们感到振奋，汉文化的博大，加之佛教的传入和外来文化的新意交融在一起，产生了巨大的冲击力。强烈的反差容易使人产生灵性，灵性又让人萌发出表现的欲望，这是人的原创力，原创力其实也是想象力的表现。在多元文化影响下，人的想象力格外丰富，加之历史上北魏是个文化思想比较自由开放的时代，这一切都构成了开凿云冈石窟的强大动力。

云冈石窟的辉煌之气，主要显示在以下几方面：首先是开阔的胸怀。北魏的军威和实力虽然胜过南朝，但却一直以南朝文化为中国的正统。北魏在建立政权后，如何稳固政权，如何统治在经济文化上更先进的大汉民族，是统治者面临生死攸关的大问题。它们生于忧患中，不进则退不敢松懈的意识非常强烈，睿智的统治者选择了借助佛教的力量来达到他们的目的。通过造佛运动，他们吸取其他民族的先进技术与文化，弥补自身的不足，特别是吸纳汉民族的一些成就，促进文化交流与社会融合，力争达到共同繁荣，表现了鲜卑族的聪慧，以及开阔的胸怀，使北魏成为中华民族发展史上最成功的王朝之一。

云冈石窟是北魏王朝大气魄、大手笔完成的皇家工程，他们聚集了国家的人

→ 第18窟东壁的胁侍佛，本窟的主像是身着千佛袈裟的大立佛，此像在主像左侧面，身高远远低于主像，但我们仍然感觉他高大无比。此佛身体健硕，两眼炯炯有神，直视前方，嘴角上翘笑容可掬，这是一尊造型稳定富态高贵的佛，带有北魏早期的时代精神特征，是典型的云冈立佛像，多么年轻阳刚的气势。

→ 第6窟上层，如来立佛像局部。

力、物力、财力来做一件事，纵观石窟5万多尊造像，凝 聚着一股力量，显示着做大事的决心，这与中国其他石窟寺的建设有着显著区别。敦煌等石窟开凿年代跨度大，是在几个朝代交替更迭中断断续续完成的，而云冈石窟是一个民族、一个朝代，集举国之力一气呵成的国家工程。它的早期和中期开发工程，前后仅仅用了三四十年（其他国内外大型石窟大多都用了几百年到上千年时间）。这是一个民族精神意志的物化，是一个民族成功精神的写照，并且他们把强烈的情结雕凿在岩石上，他们把山变为建筑，建筑又雕凿成山。在艺术效果上就显示了旷世无双的气势，从而将一种百折不挠的精神融入岩石，化作永恒，流传万世，激励后人。这种可贵的凝聚精神在今天仍然值得赞扬。

云冈石窟从始至终是充满自信的阳刚气势，主要佛造像身体都微微前倾，头

→第9窟内景，一排排图像雕凿有序，秩序中又有对比和变化，各种大小神像营造了全窟的空灵与神动，使人步入洞窟观像后极易受到感染，情绪很容易入境。

↑飞天线描图。

↑第15窟晚期飞天线描图。更流畅、抽象，有点剪影的感觉。

部都微微上扬，眼睛都炯炯有神，面部都露出自信的微笑，嘴角挂着莫测的自豪。这种面部形象，首先体现了佛教典籍中佛陀的三十二相，还体现着一种自尊自信，一种博大仁爱的力量。而后世的一些石窟和寺院，有不少佛像是神秘孤傲、冰冷无情甚至是萎靡不振的。

云冈石窟的实质，是北魏统治者利用视觉艺术手段，雕造出佛国仙境教化于民众。为了这个目的他们用尽了各种手段，其中之一是为了逼真，采用了高难度、高密度的雕像布局，很多洞窟基本无露白处，云冈石窟雕像的密度，雕像的神气与雕像的气势，非一般石窟能比。围绕着不同的佛造像，又雕凿了不同特点的空间环境。这种特殊的建筑空间环境，在石窟的设计和雕凿中形成了不同的气场，“气场”是大自然中对形形色色物质的一种感觉，是一种只可意会不可言传的意境，意境是空间艺术的一个极致，这空间极致形成的气场，又成功地传递着大佛的这种自信和阳刚气势。我们都知道气场对人的精神影响很大，古人说“人而无气，不知其可也”，中国人视“气”为一种“精神”，进入不同的气场会有不同的感觉。石窟造像十分讲究形与神的完美统一，神也是指一种总的精神，神也可

↖ 第11窟西壁，壁面坚挺，建筑感强，大小佛龛对比强烈。

← 第9窟天顶，斑斓神气的天顶有两层，这是一个佛的天国，满窟神像灵动，图案排列的一层层有序，天顶的灿烂更加强了洞窟整体的气氛，设计很有创意，相信在当时也是高水平巨作，好的设计、好的创意是中期石窟创造辉煌的前提。

↗ 第3窟壁面。

↑ 第8窟内室南壁拱门上，六供养天之一。

以决定周边的气场，云冈就有一种精神气场，这个精神气场中有一种博大的力量，世代冲击着人的灵魂，净化了人的心身。

中国文化中讲到的气，除了“精神”还包含着“信念”的意思，中国人的潜意识中，一直推崇、敬仰具有高尚品德和高尚情操的人，而大凡这种人都具有坚定的信念和阳光的精神。其实艺术的价值和积极作用也在于助人向上，宗教艺术更是一种直面人生的形式，向来以向善的面貌示人，中国人骨子里信的是“真、善、美”，求的是“精、气、神”，历史发展了，社会进步了，许多事物都发生了巨大的变化，但人们心目中老祖宗留下来的很多观念却没有变，比如精神与信念，正气与朝气等等，中华民族要昌盛，国民素质和国民人格的培养，是非常重要的。云冈石窟恰恰宣扬了一个大民族的精神追求，恰恰表现了阳光气场对人的震撼，我喜欢云冈石窟物质上的遗存，更喜欢它阳刚向上的精神力量。云冈精神是永恒的！

后记

王天銮
2012.8

写完这篇文章我想了很多，一是我们用现代视觉艺术的观点及理论，来分析中国古典建筑和视觉艺术的设计问题，是否妥当？二是云冈石窟利用装饰艺术形式雕凿出佛教镜窟空间，佛教镜窟的概念，在中世纪的中国到底是否明确存在？北魏的高僧大德和无名艺匠是怎样设想的？他们是在理性指导下规划、设计、创新地开凿石窟，还是仅仅凭灵感而发？我们今天真的也很难推测和考证。但艺术源于生活，源于实用，从古到今的艺术理论和建筑理论，都是人类知识日积月累形成的，这点很重要。日月交替、岁月流逝，生老病死、永不停息、都是有规律的，对称平衡、渐次重复，秩序循环、对立永恒、这些根植于人类心灵的东西，无论过去、现在、还是将来，这些规律都是永远不会改变的，都是不以人的意志为转移的。

坚持写下这些观点，我希望能给更多热爱艺术、信仰佛教、推崇文化的人士看，给那些有需要的人们看，可以说我也更想写给年轻的各类设计师们。我们的先人在艺术创作和专业设计上不单有创新精神，而且工程严谨，技术精到，水平可赞可嘉，他们的设计敬天畏地，然后在实施过程中还都观天看地，设计者非常明确设计的目的。今天我们现代设计师们是否也应该需要有这种精神？是否也应该考虑工程的坚固与质量？是否也必须要考虑人的存在与感受？天、地、人、和，是设计的最高境界，精神修养是设计师必备的基础条件。这本书写的更多的是我的感受，或者说是精神上的感受，空间艺术和精神修养息息相关。

今天的世界，视觉图像相互激荡迅猛发展，北魏那个时代的文化除了没有电脑、多媒体的利用，其他精神方面的学科，如玄学、哲学、艺术、图像可能也是一个我们今天难以想象的，非常活跃和高速发展的时代。从这个角度看，云冈石窟非常需要我们进一步的探索。

云冈石窟是一座有规模的石窟寺，分析它是一项繁杂的工程，非一篇文章所能涵盖。因为研究角度不同，专业不同，出发点和切入点也就不同。作为一个美术工作者，今天我从建筑空间中视觉艺术的角度说出想法，但云冈石窟的重要价值，涵盖在视觉文化的大概念中，这还牵扯到更多的美学、宗教、历史、地理等方方面面的知识，需要更多的有心之人，投入关注和研究，这样的研究对于我们今天的生活与工作会有很大的现实意义。“抛砖引玉”是我的想法，我们阻挡不了石窟日益风化的现实，我们能做的就是给云冈石窟的视觉艺术，一个更合理、更贴切的定位，抓紧时间进一步挖掘云冈石窟重要的学术价值，使云冈石窟在我国建筑艺术、雕塑艺术及装饰艺术史上留下的宝贵财富得以确认，宝贵经验得以发扬光大，滋润国人。

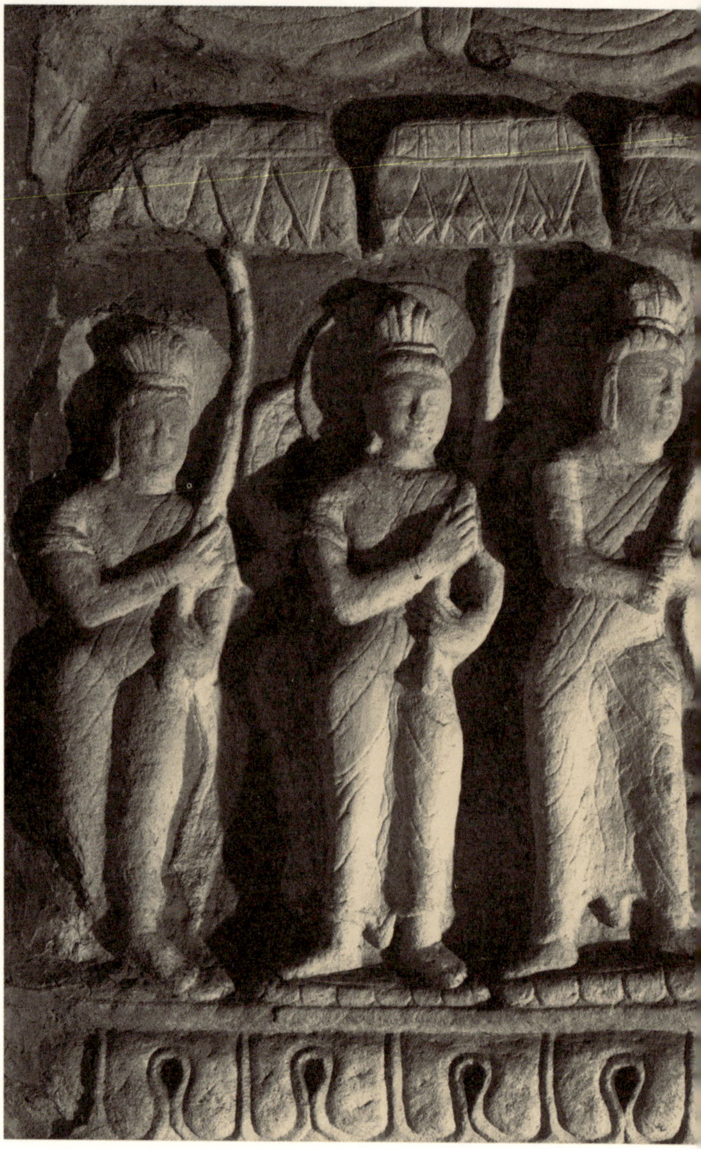

↑80第10窟手持华盖的供养天，满目的喜悦，满脸的阳光，云冈的表情，雕像神气十足。

再记

王天銮
2012.8

我于20世纪80年代初天津美术学院毕业时，去我国西北一线考察学习，当时去了敦煌、麦积山、塔尔寺、永乐宫及云冈等地，一路深感祖国文化的博大精深，开始似乎还没有太大的感动。但最后到了云冈，进了石窟，我实实在在的被震惊了，这是雕塑？！ 还是建筑？！ 这是做什么用的空间？ 我望着高大绚丽的洞窟感动的不知如何是好，面对逼真的佛像彻彻底底的被折服了。我当时觉得窟中的辉煌像电击一样从头穿到脚，令人窒息 …… 几十年过去了，那种感觉仍历历在心。2005年我再次来到云冈，洞窟里颜色没有那么鲜艳了，佛的表情也没有那么微妙了，但深深的感动仍在，从此年年来云冈直至今日。2007年，经好友介绍认识了云冈石窟研究院的张焯院长，应邀在研究院做讲座，我讲述了自己对云冈石窟多年来的感受，自此对石窟的探讨学习便一发不可收拾。原本只是想把讲稿变成文章，发表在专业杂志上，在张院长的鼓励下，文章逐渐写成书稿。写作过程中，认识又在不断提高。其间云冈研究院提供了大量的资料、照片、实测图及各种帮助，张焯院长对本文一直有指教和意见，这才使书稿得以完成。我喜欢建筑和景观艺术，搞了多年的设计工作，自身又常年从事绘画创作，因情趣所致，多角度看云冈，我才有了一些专业上的发现。对云冈石窟的认识，我主要重感觉、重遗存，写作也只是随感而发，而且更多的是精神上的感受。有时想想这种机缘也遂人缘，没有我对云冈的挚爱，认识不了张院长，没有他的卓见与共识，没有他的无私与支持，也成就不了此书，我非常感谢张院长的大力帮助，也感谢上天给我的这个机缘，让我在有生之年能再为社会做点有意义的事情。

本书线描图为作者手绘，
本书的照片除了作者拍摄的，
还有韩建华先生拍摄及云冈石窟研究院提供。
本书的实测图由云冈石窟研究院提供。
本书在写作过程中，
得到身边不少亲朋好友的大力支持和帮助，
在此一并表示衷心的感谢！
感谢我的好朋友赵升先生和王金花女士，
感谢好友张胜先生的关注和帮助，
感谢好友颜铁良先生、韩建华先生，
最后要感谢我的先生杨仲禹的全力支持和帮助。